당근은 유통기한이 없다

조영미 시집

시인의 말

하나의 노래를 수없이 들을 때가 있습니다
별 게 아닌 음률 하나가 절실히 다가와
먹먹한 가슴을 엉근 실로 띄엄띄엄 꿰매며
크고 작은 생채기를 아물리듯이
편곡한 생의 밥상을 곱게 차려 놓고
칸타빌레 음표를 한 올 한 올 올려봅니다
그래도 몹시 울고 싶은 날엔
불끈 살고 싶게 하는 곡을 비타민처럼 꺼내 먹으며
그리움은 그리운 대로
동침이 함구되는 세상에서
행복이라는 사카린을 한 꼬집씩 첨가해 봅니다

바람에 뒤집혀 파르르 떠는 나뭇잎이
어찌 서글프지 않을까마는
뒷모습도 어여쁜 나뭇잎처럼 살기로 했습니다
산다는 것은
살아오며 어질러 놓은 길에 비질하는 일입니다

툭하면 눈물 매달고 나오는
그 흔하디흔한 풀꽃이 모여
내 안에 분신 같은 행성 하나 짓고
독경하듯 조우합니다

                  —노을이 비껴가는 창가에서

                            조영미

차례

2 시인의 말

1부 내 하나의 행성

12 삼월 말馬날
14 모닝 커피
15 퍼플섬에서
16 꽃구경
17 양귀비
18 칡넝쿨
19 봉숭아
20 퇴근길 애상
21 가장자리
22 로또점
23 고추 닷 근
24 개망초
26 갓개 포구의 자취
27 발톱
28 글로벌 개털
30 공모전
31 만추 1
32 면허증 갱신

34 소설小雪
35 동면
36 명절 식혜를 앉히며
37 익지 못한 것들
38 내 하나의 행성
39 택배 상자
40 구드래 목로에서
41 분재

2부 가을, 그 잔인한

44 카네이션
45 모나미 볼펜
46 입춘 그 눈빛에 속아
47 雨水
48 복사나무집
49 낙화
50 여산 장터 포차에서
52 오월 연가
53 뚜껑 인생
54 송화
55 다만 있으므로
56 선거철
57 무릎
58 스카이댄서

59 옥수수를 파는 여인
60 이렇게 맛있는데
61 밥의 말씀
62 신발 한 짝
63 나도 먼지다
64 고추장 한 숟갈
65 시월 마지막 날
66 가을 산에 깃들어
67 만추 2
68 가을, 그 잔인한

3부 쳇대

70 쳇대
71 당근은 유통기한이 없다
72 성에
73 춘설일에
74 명아주 지팡이
75 자화상
76 밤 벚꽃
77 술시
78 몸뻬에 대한 사유
80 봄 소풍
81 식탁 앞에서
82 푸른 바람

84 가을 예감
85 시월 한가운데 서서
86 멍에
88 동짓날, 암자의 그녀를 그리다
89 첫눈
90 빵집 앞 풍경
91 섣달
92 詩를 파종하다
93 가지 않은 길
94 나의 귀향
95 그믐달

4부 빛들에게로

98 옹기 항아리
100 남이南二 가는 길
101 빛들에게로
102 밤 벚꽃놀이
103 이불을 터는 여자
104 물짐치
105 다랭이길
106 소
107 향수
108 장마
109 말매미

110 선물
111 어느 가을날의 오후
112 처서
113 12월의 칼국수
114 터미널 국밥집
116 울지 마라
117 전시장
118 폐차 그 영원한 이별
119 고로쇠 축제
120 그리움의 정석
121 푸른 잣나무밭이 사라졌다

5부   신록이 피면 아픔도 가고

124 마중
125 손수레
126 중환병동에서
127 대상포진
128 연말연시
129 신록이 피면 아픔도 가고
132 어쩌다 보니 김치녀
134 달인
136 송전탑에 걸려든 잠자리
139 하나님 우리 하나님(콩트)

해설 _손희락(시인·문학평론가)

142 　불교적 시각으로 자아와 세상 바라보기

1부

내 하나의 행성

바람에 뒤집혀 파르르 떠는 나뭇잎이
어찌 서글프지 않을까마는
뒷모습도 어여쁜 나뭇잎처럼 살기로 했습니다
산다는 것은
살아오며 어질러 놓은 길에 비질을 하는 일입니다

삼월 말馬날

소금이 녹을 때까지 막대로 휘휘 저어라
달걀이 오백 원짜리만큼
소금물 위로 뜨면 간이 딱 맞는 게다
매해 수화기 너머 어김없는 어머니의 정설
메주 서너 덩이 정갈히 띄운 간장독으로
파란 우물 징하게 들어앉는다
기우뚱 떠오르는 달걀의 눈금

하늘의 손맛이 가미되는 간장 된장 간 맞추기는
자칫 부정의 역설이 들어서므로
콩의 기원부터 온 마음을 다해야 한다

참숯과 붉은 고추 참깨 몇 낱으로
섭생의 무게를 얹어
방점을 찍는 삼월 말馬날

체로 걸러지는 녹말처럼
서로를 끌어안은 눅진 앙금이
꼬무락 쪼무락 살림을 섞다
새소리 혼절하는 눈부신 하늘로
짜디짠 생의 연민 뭉턱뭉턱 물오르는 봄

뽀얀 행주로 연신 항아리를 쓸어내리며
조왕님 들어설 길을 닦는다

*간장을 담그며

모닝 커피

오늘도 눈꺼풀 위로 이끌려 나온
덜 풀린 피로는
일제히 휴대폰을 묵상하며 아침을 연다

예배당보다 붐비는 프랜차이즈 앞에서
똑같은 성배를 들고
한 모금의 카페인으로 구원을 받는다

지하철에서 정류장에서 횡단보도에서 병원 앞에서

쓰디쓴 꿈에서 깨어나
오늘을 무사히 삼키려나니

생의 통로를 이동하는 손아귀마다
자유의 여신을 움켜쥐고 매번 각성하는 아침

퍼플섬에서

바람은 늘 외지에서 불어왔고
떠난 이들의 안부로 남은 이들이
육지를 향해 긴 목을 늘이다 늙어가는 섬

석양이 눌리는 바닷가 정겨운 숙소
담뱃갑만 한 가게에는
컵라면과 낡은 냉동고와
파도소리 갈매기소리만이 아슴히 드나들고
장가를 가보고 싶다는 아재
섬 꿰미에 묶인 슬픔이
파도에 묻혀 뭍으로 사라지다 까무룩 별이 되는 밤

불빛은 불빛끼리
사람은 사람끼리 외로워
바닷가를 안고 사는 마지막 섬 노인들
가난한 아침이면
굽은 등을 지고 갯가에 나와 앉아
기다림을 다하는 보행교 너머
날마다 보랏빛 검버섯 꽃을 심는 섬

꽃구경

꽃잎 환장하게 벙그러지는 날

딸은
꽃구경하러
서울 병원으로 간다

웬만한 아픔은 이제
꽃처럼 웃으며
엄마 우리도 꽃구경 가자

몽매간의 길 갈피마다
꽃잎만큼의 근심
펄펄
뒹굴어 오다
눈부시게 손 흔들며 지나간다

양귀비

선홍 입술
점점이 찍고
여린 목을 해찰거리는
풀 섶의 낭자한 애인들이여

죽은 줄 알았던
장렬한 첫 밤이
한 움큼 뜨겁게 울렁인다

무모한 젊음은
뒤돌아볼 수 없어
달리다 울던 날고 가고

세월은 가도
사랑은
꽃처럼 불시에 들고
허상은 오래도록 외롭네

칡넝쿨

길가에 시퍼렇게 덮치는
칡넝쿨이
눈먼 사랑이라면 좋겠다

보이는 곳마다
달려와 얼싸안고 엎어지고
꾹꾹 짜 내린
짙푸른 그리움이
사발 탕약처럼 가슴을 물들여도

보이는 곳마다
네가 있고
네가 있거나
네가 보이지 않겠니

봉숭아

손톱 끝으로
봉숭아꽃물 들일 일이다

빗물 떨군 봉숭아꽃 곱게 찧어
생채기 난 마음
잎으로 돌돌 말아
무명실로 꼬옥 꼭 묶을 일이다

후회도 애석함도
모두 찧어 얹고
첫 이부자리 꽃물들이듯
서로 물들 일이다

내 속에 네가 머물 일이
네 속에 내가 머물 일이
가시밭길 통증이고 눈물이어도

그렇게 너와 나는
서로의 여백이 되어 갈 일이다

*장마 끝에 앉아 봉숭아 꽃물 들이며

퇴근길 애상

갈채의 환청 같은 하루 햇빛으로
버텨낸 일터에서 쏟아지는
핏기 가신 달의 무거운 발자국

갈 사람은 무심히 허적허적 가고
터벅터벅 생의 귀로 그뿐입니다

멀지도 가깝지도 않은
기약 없는 만남의 습성이
천의 얼굴을 하고
날마다의 별리를 꿈꾸며 해묵는 사람들
그 자리에서 살고 또 살다 갑니다

일몰의 뭉친 어깨
보도블록 틈새로 총총 흩어지는 시간
매연의 행렬이
앓고 있던 허무를 토하며
물레 같은 생의 귀로 그뿐입니다

가장자리

늘 그랬다
접시에서 가장 먼저 손이 가는 것은
가장 작은 한쪽이었다
밥상머리에서 가장 나중에 수저를 드는 일
작은 쪼가리부터 젓가락이 가는 일
누군가 먼저 집은 후에야 비로소 집어 드는 일은
당연한 운명처럼 나를 이끌어
삶의 한가운데 산재하여 살게 했다

가장 낮은 곳에서 나고
가장 작은 것으로부터 시작된 존재

생선 가운데 토막을 먼저 집는다는 것
사과 가운데 조각을 먼저 집는다는 것은
아직도 용기를 다하지 못한 채

언제든 돌아갈 길을 내어놓고 품어주는 가장자리는
늘 그래왔듯이
가외의 생이 덤으로 얹힌 내력처럼
얼마나 한갓지고 편안한지

로또점

여기는 허구한 날
대문짝만한 1등 현수막이 수표처럼 매달려
2등짜리 3등짜리 마구 알을 낳는 점방입니다

매주 희망을 교환하고 실망은 기부하며
날마다 신들이 모여 구겨 앉아 경배하는 곳

간절히 팔려나간 주님들의 구원은
수동과 자동 사이에서 대부분 길을 잃습니다만
내 인생을 홀리는 로또라고 원망은 하지 마세요

아쉽게도,
낙첨되었습니다

고추 닷 근

한 줌밖에 안 되는 엄니
몸뻬를 단디 동여맨 엄니

찌그러진 양재기
도랑물 젓국 찌우듯 받아
애면글면
조석으로
물주기 근 두어 달

택배로 온
첫물 태양추 닷 근

굴비 마냥
말곶이에 매달아 놓고
그렁그렁 보기만 해야겠네

*가뭄에 고추 농사 버릴까
 노심초사 키운 엄니 손길에 눈물이 돋으며

개망초

양철 지붕 위 가달 가달 밤꽃이 피면
묘한 꿀 내 뒤덮는 무덤가에서
돌나물 노랗게 앉는 돌각사니 틈에서
밭머리 길켠마다 아랑곳없이 돋아나
배시시 웃던 망초꽃

개화 물결 타고
제법 쌀뒤주를 지켜낸 밥풀의 근원지는
간절히 기다리던 뻥튀기 아재였을까
해마다 기근 드는 골안집 문턱까지
지천으로 떠돌다 간 튀밥냄새
천지사방 흩어지던 밥풀꽃

관절 마디 염炎꽃 짓물다 간 세대의 노고로
개발이 시작된 후
강줄기마다 풀밭이 된 사대 강변
밥술이나 먹게 된 유월 둔덕
띄엄띄엄 명을 잇는 보리밭길
천연덕스럽게 살아난 개망초

젖줄이던 강줄기 따라 밀 보리 넘실거리는 들녘

팔뚝만 한 단무지를 뽑던 수많은 사람들
개망초처럼 밀려나 흩어지고
강변 수풀을 따라
자전거길이 바닷길까지 끝없이 누워 앓고 있다

갓개 포구의 자취

청둥오리 우렁우렁 까맣게 뒤덮는 새벽
만선 닻줄에서 펄펄 뛰는 삶이 쏟아지고
여명에 국밥집 문이 화안하던
오뉴월 활기 성성한 갓개 장터
물 좋은 위어회를 찾아 몰려드는 사람들
홍조로 물들어 술렁이는 양조장의 흐드러진 봄

지하창고에서 6년을 노랗게 삭던 황석어는
시월 원젓국 뜨는 날 비로소 지상을 나와
온 마을 사람들 말 통을 대고 젓국을 받으며
생의 구미를 잃은 내게 간절한 맛으로 다가왔다

어느 해 하구언 둑이 막힌 후
포구의 청둥오리는 사라지고
젊은이들이 하나둘 떠났으며
마지막 남은 어물전 새각시마저 떠나
쓸쓸한 바람 한 음절로 흘러
정물이 된 갓개마을
해묵는 장터 생선 임질 하던 서너 노파
고관절로 들어앉아 고요히 세월을 짓고 있다

발톱

재질은 쇠뿔과 같고
성질은 몽니와 같아
제 살을 파고들어 켜켜이 옹이 진 섬

어느 누구 험난했을 그 섬의 내력을
황폐한 비명을 헤아려 봤을까

폐기물 집게처럼 뿌리째 흔들며
밀고 들어와 윽박지르는 니퍼

살점 깊숙이 박힌 생의 부스럼이
멀어져 가는 핏줄들이
마른 다리 사이로
푸석푸석 부서져 손을 놓을지라도
그리움으로 점철된 고독은
좀체 물러설 기미 없이 옹골지게 눌러앉는 섬

글로벌 개털

손두부

바가지에 담긴 뜨끈뜨끈한 두부를 뜨는 할머니
국산이라 더 고소하지
북미에서 건너온 콩알들이
아무렴

붕어빵

연어가 되지 못해 항구에서 온 붕어
등지느러미까지 구워져 당최 속내를 알 수가 있어야지

핫도그

들어와 살다 보니 정이 들더라
더러는 타향이 고향보다 좋지

찐옥수수

차 밀리는 틈바구니를 유유히 휘젓는 아주머니
금방께 따다 찐 강냉이래요
태평양 건너온 너를 믿기로 한다
삶아지면 다 같이 부드러워지는 것이 삶이지

군밤

굳이 국적을 논하지 말자
찬 겨울 거리에서
너의 뜨겁고 뽀얀 속살을 볼 수 있으니
황송할 일 아닌가

공모전

인생은 공모전

전시회가 끝나고

각자의 업을 따라

흩어지는…

만추 1

산 능선마다
사람은 꽃처럼 줄을 잇고
사찰은 흥분한다

입동에 연지 바르고
백주에 훨훨 옷자락을 벗고 있는
농밀한 자태에 안겨
지레 혼절하는 군중들

가슴에 빈 우물 하나씩 파 놓고
홀연히
떠난 사람들이여

한순간 뜨거움에 속아
이 찬란한 가을날 부디 아프지 마오

면허증 갱신

두고 나온 손지갑처럼 잠시라도 떨어지면
눈에 밟히는 내 소중한 자동차
단 하루도 그들 없이는
나의 행색조차 무미했을 아릿한 동행이었다

어머니의 면허를 받아 나와
이정표를 세우고 수없이 방지턱을 넘어
속도제한으로 허물을 걸러내 온 미숙한 인생이
이제 한두 번 남짓 회자되리라

절반의 생은 해지된 급여통장 몇 첩에서 뼈마디를 삭히며
십 년의 젊음을 담보했던 면허증이 믹스커피 껍데기처럼
떨떠름한 민원실 구석으로 박혀 들어도
갱신받는 자리는 숙연했다

사는 동안 거쳐 간 그들을 나란히 떠올리며
온전히 내 편이 되어 살다
뼈다귀 굴러다니는 폐차장 이별까지
시리고 아프도록 분주했던 젊음의 깊이 패인 발자국
조근조근 저무는 길 위에서

낡아가는 그와 나 한 몸의 중고 인생
그토록 애환은 유난했으므로 이별마다 눈물겨웠다

아주 오래전 생전 처음 설레는 운전대를 잡고
새우젓에 곰삭는 옥녀봉을 바라보며
분홍포대기 갓난아이를 풀어 안고 뱃터 복국도 먹었었지
강경 벌 황산다리 석양은 여전히 아름답게 흘러
금강 갈대숲으로 돌아온 철새가 절정이다

소설小雪

성에 낀 문살
얼기설기 잇댄 서까래 틈으로
온기 잃는 햇살
담벼락에 기대어 산다

속속들이 바람 살다 간 자리
수시로 쑤셔 들고
길모퉁이 쪽문에 매달려 그릉대는
허름허름한 해수기침

가늠 없는 세상의 파편이
버거운 한 토막 업을 지고 쏠리다 흩어진다

광활한 우주의 티 검불 같은 날

동면

백야의 산골
낮은 집 굴뚝에선
한 오라기 전설을 짓고

소진된 관절 마디마다
핼쑥히 걸리던
낮달은

인동도 숨죽이는 계절
비로소
동면에 들며

간간이
영혼을 잇는 수리새
고요를 쪼으는

산 위에 산
위로
천의 시간이 얹히다

*눈에 덮여 고요한 어느 날 부여 산마을을 가다

명절 식혜를 앉히며

큰스님 몸에선 사리가 나오고
내 몸에선 새끼들이 나와
사는 일이 아슬아슬한 곡예

때때로 설익어 금이 간 항아리
밥 알갱이 붙여가며
상처 치유할 길 없어 무너지던 젊음이 있었네

그 후
밥 먹는 일 살 섞는 일이 관습처럼 흘러
새로운 길이 나고
지난 일은 딱 아문 듯
자분자분 함께 걷는 길

엿기름 삭힌 밥알 띄워
먹메 장만하는 일이 기꺼웁다
성큼 들어설
아이들을 고대하며
나는 아직도 울 엄마 식혜가 그립네

익지 못한 것들

아직 얻지 못한 별명처럼
나는 늘 어중간했다
버릴 수도 먹을 수도 없어
혼자 수없이 썩어갔다

설익은 사랑
설익은 선택
설익은 살림
설익은 친구
설익은 직장
설익은 건필
설익은 후회

발효되지 못한 관계와
평생 섞여도
맛이 되지 못해
나는 늘
어정쩡히 누룩곰팡이를 피우며 산다

내 하나의 행성

하나의 노래를 수없이 들을 때가 있습니다
별 게 아닌 음률 하나가 절실히 다가와
먹먹한 가슴을 엉근 실로 띄엄띄엄 꿰매며
크고 작은 생채기를 아물리듯이
편곡한 생의 밥상을 곱게 차려 놓고
칸타빌레 음표를 한 올 한 올 올려봅니다

그래도 몹시 울고 싶은 날엔
불끈 살고 싶게 하는 곡을 비타민처럼 꺼내 먹으며
그리움은 그리운 대로
동침이 함구되는 세상에서
행복이라는 사카린을 한 꼬집씩 첨가해봅니다

바람에 뒤집혀 파르르 떠는 나뭇잎이
어찌 서글프지 않을까마는
뒷모습도 어여쁜 나뭇잎처럼 살기로 했습니다
산다는 것은
살아오며 어질러 놓은 길에 비질을 하는 일입니다

툭하면 눈물 매달고 나오는
그 흔하디흔한 풀꽃이 모여
분신 같은 행성 하나 짓고 독경하듯 조우합니다

택배 상자

한겨울 산골 눈 내리는 날
문 앞 단단히 묶인 그리움의 뭉치

사방 흩어져 각자의 고치를 짓고 사는 피붙이들이
넉 잠 누에를 올리며 애 닳던 기억만큼
먼 거리 서리서리 누에 실처럼 늘여져 들어선다

아껴 보냈을 굴비 한 마리
프라이팬에 올려놓고
만나면 한 두름씩 웃는 얼굴 짠하게 그립다

온 길로 되돌아갈 준비를 위해
닳아진 스티로폼 상자를 닦아 두며
보고 와도 보고 싶어 늘 비는 자리
택배 상자에 얹혀
먼 길 끈을 잇는 내 삶의 사랑들이여

구드래 목로에서

사륵사륵 밤눈 내리는 나루터
목로주점 홍등이 눈을 털며 들어선다
해쭉 벌쭉 탈 각시 포옥 안기고
생강차를 달이던 무쇠 난로
그을린 주전자 화들짝 입김 풀떡이며
케케묵은 팝송을 되잦힌다
따스한 소면 잔술 한 대접 익어가는 창밖
나루터 가로등 아래
밤 이슥토록 자동차 둘 고요히 파묻히고
서까래 잠들고 군밤이 탄다
굳이 생을 이야기 말자
그 사랑도
이 사랑도 눈 속에 묻혀
강물이 끌어안고 녹아내리는 밤

*부여 민속관에서

분재

흙 한 줌 인색한 화탁에 앉아
옥죄이고 비틀리고 잘리는 세상이
굳이 명품이어야 한다면
기꺼이 머리를 내밀겠소

상처 난 옹이마다 햇빛을 바르며
안타까워 몸부림하던 바람과
칭칭 감긴 우듬지의 산고로
몇 날 꽃과 열매를 맺어
그들의 욕망을 채워줄 수 있다면
비록 수리새는 아니더라도
딱새나 지빠귀는 앉도록 살아 보겠소

그리하여 이 생애
슬픈 나목의 씨앗을 물고 가
본향의 높은 산으로 거둬주지 않겠소

2부

가을, 그 잔인한

단풍산을 풀어헤치고
이미 타버리고 가는 낙엽을
가슴 한복판으로 수북이 들여놓고
작별이 오기 전에
꼭 할 말이 있어
재가 된 산등성이 질소처럼 떠다니던 심장

카네이션

병실 창틀
시드는 카네이션

부모의 길고 긴 여정이
찰나의 하루로
보상된 꽃은

잠시
아들딸의 구실을 다한
사흘 후쯤

목이 꺾인 채
쓰레기장에 모여 탈상을 한다

한 줌 사랑이
뚝뚝 지는 봄밤

링거를 타고 넘어
환생하는 꽃들로 술렁이는 오월

모나미 볼펜

그도 묵고 나도 묵어간다
아주 오랜 서랍 속 번민하던 낙서장마다
갈피를 잡지 못한 흔들림마다
꾹꾹 누른 진심을 온통 눈물똥으로 슬어놓곤
말없이 밑줄 짓다
책상 모서리로 비켜선 쓰다만 자극들

묵은 사진처럼
자분자분 수녀의 걸음처럼
내가 되고 우리가 되어 온 시간

살다 보니 그리움이란 게 별 게 아니구나
늘 먼저 마음이 가는 불가분의 사이
편안하고 담백하게 만드는 너였음을

유독 목마른 날은 더욱
그 자리 그대 있어야만 한다

입춘 그 눈빛에 속아

물오른 산안개 사르르 올 풀리는
감미로움 살포시 감지합니다

해토하는 들녘 피어오르는 입김
하늘을 눈부시게 사랑합니다

가슴을 활짝 열고
절반의 생을 너그러움으로 바꿔가며
그대의 숨을 그대의 하늘을 안으렵니다

촉촉한 대지 위
앙금 없이 걸러 우린
투명한 햇빛이 되어 뒹굴렵니다

오늘 그대를 마주하여
온몸을 비틀어 버들개지 눈을 틔웠습니다
사랑스런 그 눈빛에 속아

雨水

백미러로 빨려드는 수만 갈래 이정표에서
겨우내 들판마다 허옇게 내질러진 오한으로
마디마디 진력나는 일상 위를

돼지를 실은 화물트럭이 지나다
귀 떨어져 빛바랜 현수막이 지나다
홍등이 까무락이는 장례식장이 지나다
고라니의 시체 비껴 지나다
엎드린 마을이 숨 멎은 채 지나다

찻길로 떨궈진 장화 한 짝을 발견할 때
갓길 국밥집 들렁문이 겨우내 졸다 눈을 뜰 때
간이 공사장이 술렁일 때
샛강 다리 밑 살얼음은 녹아
흰 두루미 느린 목으로 두렁배미 물러앉으며

어느 농가 밭두렁 태우는 연기
머리를 풀고 앉아
다시금 손금에 씨를 들이고 있다

복사나무집

떨어져 나간 대문은 어디로 갔을까
썩은 기둥에 매달린 녹슨 호멩이
거미가 고치를 짓고
똬리 튼 바람과 가시덩굴 으르렁거리는 집

평생을 맴돌며 보리 대끼던 언저리
풀대 죽 살림 그대로 두고 어디로 갔을까
나뒹굴다 머리를 박은 채
풀꽃을 피우며 눈을 뜨는 자배기

홀연 아들의 기별처럼
묵은 풀 햇 풀 쑥덕이는 안마당을 질러
애먼 뒷밭을 폴짝이던 바람이
어머니 대신
해묵는 복사나무 가지 위로
누이 연분홍 치마를 입히고 꺄륵꺄륵 웃고 있다

낙화

관촉사 미륵불 면류관 위로
꽃 화관이 얹히고
절하던 여자 궁둥이에도 꽃이 만발한다

한소끔 비바람 쓸고 간
대광명전을
불나방처럼 올라앉아
예불소리 듣는 척 사부작 엎드렸다

일주문 밖은 온통
초경 치룬 꽃잎
몽환에서 깨어나 고해를 시작하고

돌부처에 안긴 미륵모텔 속으로
그윽이 파묻히는 저녁
포장된 한 줌 사랑 쏜살같이 사라진다

여산 장터 포차에서

길은 헤어짐이요 주막은 만남이라

허름한 냉장고 문짝 이마에 방명록 한 줄 쓰고
여기 한잔 추가요 하니 비 낱이 후드득이기 시작이다
포차 앞은 용달 가득 마구 뒤섞여 쌓인 신발 더미
신발짝마다 문수 찾기 진땀 나고
운전석 신발장수 샛잠 삼매경이다

포차집 서방은 안줏거리 캐러 쏘다니고
푸근한 그녀 치마폭으로 찌그러진 주전자와 양은소반은
민들레겉절이 불미나리나물 머위쌈 달래간장
방울상추 쑥전 물국수 여산막걸리가 굼뜨듯 수월하다
옆자리 아저씨들 다리 휘둘며 일어선 자리
파리 새끼 느리게 조는
이렇게 사람 사는 냄새 더없이 좋아라

연달래 수줍은 작은 면 소재 길
우체국 농협 지서 미용실 노래방 농약방 시계포 전파사
대폿집 국밥집 정육점 철물점 중화요리 미니슈퍼 잡화점
세탁소 길다방 신발집 주점 떡방앗간 노점상 주유소
포장마차… 오밀조밀 구순히 잇대어 사는

나즈막한 풍경 속
탁주 두 병과 눈이 번한 상을 한껏 받고서
칠천 원만 줘유 하던 서글서글한 그녀
꽃눈 솟는 입춘앓이 돌아올 무렵이면
그 집 나물소반이 눈 속 복수초마냥 가슴에 선연하여라

오월 연가

오월은 사랑하는 일로
걷잡을 수 없이 미끄러져 그대에게 간다

달빛 쏟아붓는 들판
천 갈래로 달궈진 개구리소리
훅훅 내지르는 밤꽃 내를 쫓아
연일 잠 못 들다
돌아눕는 무량한 시각

달디단 바람 속 밀월의 밤을
뜨겁게 객사하고 싶어
아카시아 숨결은 울렁이며 내게로 와 드러눕고
화석이 된 사람의 말초신경 화르르 일어나
그토록 흠뻑 사랑해도 되다니

오월 달빛은 사랑하는 일로
걷잡을 수 없이 미끄러져 그대에게 간다

뚜껑 인생

늘 그 자리 말없이 얼던 작은 냉장고
문을 열자 냉기 쏟는 찬 통의
기한 지난 그리움이
그 사람 수면바지처럼 익숙하다

뚜껑을 열 때마다
인이 밴 냄새들의 활보
김치가 익어가며 매번 한소리 한다

인생이 다 거기서 거기지
뚜껑 덮으면 아무 일도 없는 거여

낱낱 벗겨진 하루 행색이
내일의 허기를 때우고
비스듬히 누운 텔레비전
아리송한 날씨 노닥이다 잠이 든다

송화

길켠 이팝꽃 흩어지는
연등길 동동 쑥국새 소리

고요한 숲속 지장보살
촛농 주저앉은 기도터에 앉아
눈만 지긋이 말씀이 없네

노란 분이 뒤덮인 약수터
무당개구리의 화두 폴짝 파문 일고
사방 떠다니던 송화
오동잎에 앉아 염불하는 봄날

청수그릇 말갛게 분진을 닦아도
합장 무릎은 여전히 송화가 피네

가늠 없는 영혼들 문자 속에서
자울자울 멀어지다
맨얼굴
가슴 한구석
쑥국새 흐느끼네 쑥국 쑤쑥국

다만 있으므로

꽃은 다만 있음으로 꽃이지 꽃이 아닌 것은 아니다

꽃은 다만 있음으로 꺾이지 꽃이 아닌 것은 아니다

꽃은 다만 있음으로 사라지는 것이지 꽃이 아닌 것은 아니다

나도 다만 있음으로 꺾일 일이지 꺾이지 않음은 아니다

꺾임으로 내가 아닌 것이 아니고
다만 있음으로 없어지는 것이지 내가 아닌 것은 아니다

*우리는 각자의 경험을 통해 특별한 나로서 살아간다
 부정적인 두려움에 눌려 회피하려 하나
 기쁜 일 나쁜 일 또한 죽음까지도 삶의 선상에 놓고
 나를 잃는 것이 아닌 나의 일부로 받아들임으로써
 그대로의 나로 살아가야 하지 않을까

선거철

사방 불어 제끼는 선거바람이
목숨 바쳐 헹가래를 울린다

벽보 나붙는 거리마다
확성기에서 수없이 팔랑이며 나오는 꽃잎들
시한부 자기 좀 봐 달라 애걸한다

툭 건드리면 푸수수 떨어질
낙화의 늪 위에
일당을 걸고 떠다니는 유랑인의
단 한 번의 악수와
간절한 약속은 모두 어디로 가는가

신호등 앞에 서서
누구의 이름도 믿지 못한 채
땅바닥으로
갈기갈기 찢기는 꽃잎들을 한 땀씩 꿰매본다

무릎

무릎은
운무를 헤치며 빛을 찾아가는 것

애환을 지고
슬픔을 지고
굽은 마디 닳을 때까지
뒤돌아갈 수 없는 길로
무작정 뒹굴어 가야 한다는 것

짓물러 누런 소금꽃 피고
쇠무릎이 솟아올라 누렇게 부종이 나도

기어서라도
무작정 쉼 없이 가야 한다는 것

스카이댄서

내 몸의 바람은 하루 종일 아래에서 위로 분다
어서 춤을 추어야 한다
멈추고 싶어도 멈출 수가 없다
미친 듯 춤을 추다 지쳐 주저앉으려 하면
항문을 뚫고 재빨리 쫓아 올라 호통치는 신장개업한 바람
온몸이 터지도록 뛰어오르라고 야단법석이다

허기진 뱃심은 끌려온 낙지처럼
팔과 다리를 사정없이 말아 올리고 접으며
자존심을 걸고 필사의 몸을 꺾는다
거꾸로 보이는 세상이 빙글빙글 메스껍다
끝나지 않을 운명처럼
푸드덕 푸드덕 부서지는 관절의 굴레를 멈출 수는 없다

비로소 혼을 다한 춤이 끝나고
아무일 없었다는 듯 녹아내린 가죽만 남아
새를 키우는 꿈을 꾼다
허수아비 인생 2막은 들녘이다

옥수수를 파는 여인

도로변 천막을 두른 원두막으로 츠적추적 비 내린다
늙은 서방은 밭 한 뙈기 헤집어 오는지
지게 위 퍼렇게 살아 서걱이는 옥수수를 쏟아 부리고
황소 눈을 한 검은 만삭의 어린 여자
옥수수 알곡 같은 잇속만 수줍고 섰다

중동으로 독일로 뿔뿔이 흩어진 사철동백 떨기들은
도도히 흐르는 강물을 따라 바쳐 갔고
머지않아 국제결혼 현수막이 사라졌다

차 안에 앉은 선글라스 낀 여자
턱짓으로 트렁크를 가리킨다
연신 물사래 치며 가는 차바퀴들 속으로
눅진한 땅거미 짓밟혀 들며
낯선 이국의 어린 여자
커다란 눈동자 위로 추적추적 비 내린다

*비 내리는 날 괴산 장연길에서

이렇게 맛있는데

햇살이 빗물 터는 텃밭에서
입에 녹는 애기상추 솎고
푸들거리는 참나물 데쳐 무치고
참기름 반뜩반뜩 섞인 집된장에
달큰한 부추싹 얹어
한 밥 싸면
살살 녹는 인생

이렇게 맛있는데
외면하며 아우성이지

재깔이는 새소리
풀벌레소리
추녀 끝에 풍경소리

온 세상 바람
풀 깃 속에서 사갈사갈 달기도 하고

밥의 말씀

다 먹고 가거라
한술 더 뜨거라
모락모락 김이 나는 식구들의
따뜻하던 명령어는
뒷방 늙은이 식은 밥처럼 눌러앉았다

허기진 빵의 부드러운 세포는
가난이 구워진 틈마다
달콤한 설탕으로 흐느적이며
우리가 무엇을 먹고 자랐는지
어떻게 살아냈는지
까마득히 쌀의 기억을 잃게 한다

밥의 말씀 사라진 거리
거대한 빵집 알바생의 일침
순서표 뽑고 기다리다 가져가세요

신발 한 짝

도로 위
더러 신발 한 짝씩 죽어있다

갈 길 놓고 드러누운
흙 묻은
장화 작업화 슬리퍼

한 발 앞서면
다른 한 발이 밀며
불모지의 수레로 살다
삵쾡이 사체처럼 던져진
아무도 알 길 없는 먼 순례길

자동차 바퀴 속으로
낯익은 부고 한 짝
흘끗 흘끗 조상하다 사라지는 길

무연고 묘지 팻말이 일어섰다
파묘 이장 대행

나도 먼지다

머리맡으로 먼지가 보인다
오늘이 며칠일까 하던 날은 먼지가 더 는다
가만히 누워 컴퓨터 책상 밑으로
찬찬히 더듬는 침대 밑으로
흑백 선이 엉겨 붙어 방치된 시간끼리
먼지만 한 거미를 산란하고 있고
살고 싶어 발버둥 하다 죽은
머리칼 볼펜 종이짝 바퀴 사체 위로
쌓이고 쌓인 분진의 세상이 가관이다
먼지가 눈에 들어오기 시작하면 나도 먼지가 된다
버티다 무너진 부산물처럼
나도 먼지가 되어 나란히 드러눕는다
저 먼지를 털어내야지 하며 옴쭉을 못 하는 것은
나도 그들과 나란히 누워야 하는 먼지이기 때문이다
과부하로 신열이 들어 나를 빗자루로 탈탈 틑어낸 후
이제 일어나야지 일어나면 먼지가 떨어지겠지
문득 달력이 다가와
재촉하던 일상을 넌지시
기다려주고 있었네

고추장 한 숟갈

여름내 베란다 시멘트벽에 기대어
난간을 타고 스며드는 그을음을
겨우 숨 쉬는 작은 항아리

바람조차 맨발로 오지 않는
낯선 흙냄새 까마득히 높은 집

아무도 거들떠보지 않아
검게 타들던
뼈만 남은 단지 속에서
연명하던 고추장 한 숟갈

깊숙이 응고된
어머니 수수조청처럼 진득이 올라와
그렁그렁 보리밥을 푼다

눈부신 찔레꽃 아래
산바람 곰삭는 된장항아리 품으로
가야지, 수십 년을 같이 살아온 듯이
언젠가는 꼬옥

시월 마지막 날

눈부신 조락을 몰고 오는
당당한 은행나무는
번번이 열세 평짜리 아파트
좌판도 없는 담벼락을 입맛대로 임대했고

녹슨 컴퍼스처럼 접힌
깡마른 두 무릎을 귀에 붙이고
하늘을 올려다보며 쪼그려 앉은 할매
오메 그 새 금박이 쏟아진다냐
버끔버끔 오물거리는 합죽 입이 무구하다

배추 몇 통 쪽파 두 봉지
시래기 무청 위로
삼베 리본이 노랗게 노랗게 얹힌다

먼 기억 속
수안보 온천 골짜기 삼월 칼바람에
겨울 풀 같이 마른 노파
천 원어치 쑥을 팔아달라고 애원하던걸
매정하게 뿌리치고 온 일이 모질게도 쫓아다닌다

가을 산에 깃들어

홍엽이 어우르는 산자락마다
햇살이 깃든다
새들이 깃든다
노오란 낙엽송이
산허리를 감고 살가이 깃든다

마른 풀 섶 바람이 숨는
양지바른 처마
톰실한 시래기 타래 사이로
집 서너 채씩 깃들어 산다

홍조 띤 산과 산
겹겹이 둘러앉아
낙엽의 속설로 금방 터질 듯
홍시 분분한 산모롱이 모롱이

훌쩍 채근하는 산그늘 아래
나누는 정담 잔술로 채워두고
가으내
그 품에 깃들어 산다

만추 2

차마 떠나보낼 수 없어
인가 떠난 빈집 안마당으로
몸져누울 준비를 하는
낙엽들의 앓는 소리 깊다

이미 떠난 이는 돌아오지 못하고
둥지 나간 새들도 멀어져
아득한 섬처럼 뒤척이는 밤

온기는 열이 되고
물기는 강이 되고
뼈와 육질은 흙으로 돌아가는 길

만 가지 허물 내려놓는 마당채 늙은 감나무
말간 홍시 하나
혼까지 내어주고
돌아누운 바람 휑하니 일어서간다

가을, 그 잔인한

단풍산 뜨겁게 타오르면
나는
창밖 온통 짓궂은 단풍나무 아래
새파란 무청으로 질끈 매달리리

단풍산을 풀어헤치고
이미 타버리고 가는 낙엽을
가슴 한복판으로 수북이 들여놓고
작별이 오기 전에
꼭 할 말이 있어
재가 된 산등성이 질소처럼 떠다니던 심장
기어이
빈산으로 들어가
히터를 올리고 뜨거운 커피를 탄다

*이토록 그리운 것들과의 짧은 만남… 사랑이다

3부

쇳대

사랑은
함부로 들어갈 수 없는
문 앞에 걸린 쇳대

길고 캄캄한 터널
머리 풀고 앉은 운무 속에
아직도
잃어버린 열쇠를 끝없이 찾고 있다

쇳대

사랑은
함부로 들어갈 수 없는
문 앞에 걸린 쇳대

길고 캄캄한 터널
머리 풀고 앉은 운무 속에
아직도
잃어버린 열쇠를 끝없이 찾고 있다

삶이

사랑이

어찌 그렇게 어쩔 수가 없다는 것인지

내 안에 갇힌 사랑
깊기도 하다 그 울림

당근은 유통기한이 없다

발굽이 닳아 주저앉을 때까지
등짐을 내려놓지 못했다
온 생을 굴러 질겨진 근육으로
앉을 자리 설 자리 소명을 다하다
늙고 병들어 돌아와 누운
을의 마지막 자존심으로

호적을 둔갑한 놈
나사 조이고 분칠한 놈
때 빼고 다림질 한 놈
헛간에서 죽다 산 놈
쓰레기장에 비 맞던 놈
유품에서 낙오된 놈
멀쩡히 가출한 놈
상처도 인생이라는 놈 놈 놈

무릎 땜질된 모든 사연이
만물상에 나와 앉아 허드렛일을 기다린다
당근은 유통기한이 없다

성에

간밤
한 생을 앓다
얼어붙은
불면의 긴 숨 자락

핼쓱히
눈부시면

햇살은
가만히
차 한 잔 들고 와

상흔을 녹이고
눈물을
흘
리
고

춘설일에

밤새워 촘촘한 눈금자로
불면을 재단하다 나온 아침
반 평 공간 차 안에서
덜 풀린 잠이 깨이고
나른한 저혈압의 아침을 끌어올리기 위해
날씨의 생기를 묻는다

행복 주파수를 찾는
라디오의 명경한 목소리
화들짝 고단한 행색을 털어내며
산으로 들로 눈꽃 척척 얹혀 반기는 날
그 무엇이 그토록 고단했던가

백지의 아침이
한 뼘 햇살로 녹을지라도
순백의 기꺼움으로
또 하루의 소진을 위해 사분사분 생의 엑셀을 딛는다

명아주 지팡이

누구든 아무렇지 않게 밟고
아무도 기억하지 않아도 당당했다
치이고 뽑히고 휘어져 누렇게 뜬 뼈대
빗물 한 줄에도 고개를 들고 살아냈다

흔들리다 꺾인 홈집은 우직한 복사뼈가 되어
더듬더듬 기억을 놓는 사람들의
척추를 대신해 하늘을 들어 올린다

누구나 한 번쯤 병명에 익숙해질 것을 알고
바깥으로 나가야 산다며
문 앞을 재촉하는 반려자

명아주 등허리에 업혀
꼬옥 움켜쥔 손으로 어색한 동거가 시작될 때
가장 먼저
죽은 친구의 안부를 물으리라

자화상

민들레
꽃따지
산수유
개나리
진달래
연산홍
매화
목련

꽃이란 꽃
모조리 눈 틔어 뽐내는 봄

꽃도 피우지 못할 것이 혼절히 설레어 온다
여물지도 못하고 갈 것이

밤 벚꽃

밝은 달 아래
벚나무 옷을 벗고 있다
속살 드러내 놓고 흐드러지게 웃고 있다

감추고 삭일 줄 모르는 너
기어이 봄밤 흔들어 놓고

어쩌자는 말이냐
하얗게 부서지는 알전등 아래
잇속 부신 너와 나
저무는 시각
한껏 부나비처럼 날고 있다

어쩌자는 말이냐

술시

차작차작 비 내리는 금요일
까죽나무전 당귀싹 도토리무침에
뽀얀 동동주 생각은 어쩌면 내일 이뤄질지도 모르지

해 떨어지면 냉한 산방
백수는 고래에 군불을 넣고
완주골 넘어 다니는
제 살 같은 그녀를 기다리다
굴뚝 연기 그윽이 깔린 마당 기척을
짐짓 못 들은 척 점잖이 나오겠지

망초 까르르 몰려다니는 날망
까실한 수염 패기 시작하는 보리밭이
기어이 해를 부둥켜 혼절하는 오후 술시
하루 긴 목이 텁텁할 만도 하지

화아! 별도 많이 나왔네
오다가 막걸리 하나 사 봤다우 그냥

*주말이면 달려가는 푸성귀 싱그러운 내 집

몸뻬에 대한 사유

시장 난전 좌판에 흐늘흐늘 늘어놓은 몸뻬를
주저앉아 자세히 들여다보라
그 기하학적 문양들의 무질서 속
색감의 배열이 볼수록 오묘히 어우러져
잠시 고르다 보면 곧 선택이 난해해지고 만다

삶은 수없이 많은 결정을 선택하며 살아가지만
물건을 고를 때만큼 힘든 일도 저으기 드물다
오천 원짜리 엄니 몸뻬 하나 고르기를
땀이 쭈욱 내 밴다
드디어 연두색 꽃문양이 있는 몸뻬를 집어 든다
온 천지 봄의 화사한 연둣빛 그 눈부신 사랑스러움이
나를 미소 짓게 하고 하르르 숨 쉬게 한다

여름이면 땀에 전 엄니 인견 속곳으로 머물던 꽃들
열을 지어 조잘조잘 가랑 끝동까지 빼곡한
꽃문양이 볼수록 정겹다

아득한 구릉지 똑같은 얼룩무늬 몸뻬들끼리
밭고랑을 타고 질긴 쇠비름 바랭이풀과 씨름하다
허리 펴는 새참에 훨훨 헹구어 걸쳐 놓으면

나무울타리 위에서 어느새 물기가 말라
해시시 풀럭이던 몸뻬

촌스러움과 곱다는 것은 왠지 맹한 듯 안온하그 편하다
사람도 채워지지 않아 적당한 사람이 편하듯

풀꽃은 평생을 밭에서 피고
그리움은 항상 엄니 속곳에서 핀다

봄 소풍

이제 길어야
오 년짜리 적금 두어 번 더 넣으면 끝날 소풍 길
한바탕 신명도 없이
겨우 상처 딱지 아무는 봄

옹색한 길 언저리
가장 먼저 들판을 뚫고 나와
배시시 앉아 소풍하는 노란 꽃따지
밟혀도 눌려도
다시 손잡고 간다네
멈추지 않고 꽃을 피워야 한다네

식탁 앞에서

그렇게 격렬할 것도 못 견딜 것도 아니었다

벌거벗은 마음
몸으로 뜨겁게 나눌 수 있는
세상에 단 한 사람

아침이면 신발 끈을 매다
날 저물면 양말 훌쩍 벗어 던질
간절한 곳에서
아까운 햇살 한 줌씩 훔쳐 옹이를 키웠다

먼 훗날
부끄러울 것에 대해
서로에게 용서가 되어주지 못했다

그렇게 슬플 일도
그렇게 상할 일도
그렇게 통렬히 아플 것도 아니었는데

푸른 바람

푸른 칠월이 가려 합니다
푸른 바람이 뒹구는 들판으로 푸른 계절이 갑니다
비우고 내려놓는 길을 들이며
하늘의 떠다니는 구름을 봅니다

하염없이 하늘은 높고
눈길 머무는 곳마다 짙푸른 그리움이 일렁입니다
이름을 묻지 않아도
존재를 묻지 않아도
가슴으로 푸르게 들어앉는 들판은

나 대신 숨을 쉽니다
나 대신 아파합니다
작은 흔들림에도
툭하면 눈물 달고 나오는
신작로 끝에 나 앉은 봉선화에게
푸른 바람은
늘 들풀의 씨 여무는 소리 들려줍니다

몸에 수시로 돋는 곰팡이
푸른 바람의 몸을 빌려 털어내고

풀벌레 소리로 귀를 씻습니다

푸른 바람은
보이지 않는 곳에서 이미 가을을 준비합니다
또 이렇게 뚝뚝 푸른 계절이 갑니다

가을 예감

문득 들풀 눕는 언덕
토방의 흰 고무신 같은 가을이
풀씨 끝에 앉아 바람을 부빈다

가실가실 풀깃머리를 외로 꽂고
수줍게 말을 건네면 가을은 온다

톡 토독 풀씨 여무는 길
점점이 구절초 흩어지다
풀무치 날개 내리는 저녁
감고 있던 바람이
허리를 풀고 휑하니 일어서면 가을은 온다

나뭇잎 마르다
해설피 황혼 속으로 들어가고
저녁 새 한 끼니 너머 가을은 온다

내일은 먼 하늘로부터
푸른 물 뚝뚝
여물지 못하는 내 가슴으로 떨어지리

시월 한가운데 서서

황홀한
시월 한가운데 서서
향방을 모른 채 갇혀 버렸네

이제 내가
향을 낼 차례인데
고립무원이 지평선을 닿네

내 옷자락은
억새풀에 베여
붉게 붉게 물들어 날아가고

*탑정호변 저녁길에서

멍에

가을 내내 다리를 끌며 밤을 줍는 어머니
비료 포대를 꿰매 만든 망태기를 차고 씩씩하다
날마다 반쯤 입 벌린 샛푸른 밤송이를
줍고 고르고 발라내며
헐값으로 알밤을 두어 포대씩 중간상으로 보낸다
옥밤은 단단하여 벌레도 더디 나고
맛이 달아 값을 더 치지만
여느 밤은 하루가 다르게 벌레가 나 주체할 수 없다
저녁이면 벌레먹이 밤을 도려내
뽀얗게 깐 쌀밤을 한 봉지씩 보내는 낙으로
무릎 통증이 더해 때마다 실랑이는 이어진다
밤 줍지 마시고 몸 좀 살피세요
아니 그럼 시뻘겋게 쏟아지는 걸 보고만 있으란 말이냐
밤나무를 베어 버려야겠어요
동생이 배치기 소리를 내지른다
늬아부지는 밤나무는 왜 심어갖고
이 고생을 시키는지 모르겠다
가을이면 주말마다 삼 남매가 단풍여행 한번 못 하고
꼼짝없이 달려와 밤을 주워 까고
모친이 선별해 놓은 자루를 내다 팔아 온다
한 됫박에 칠백 원도 받고 그저 덤은 의례히 줘 보내며

몇 푼 되지 않아 그리 짠할 수가 없는 노릇이다
식구들 일당 따지면 깔수록 손해라니까
딸들의 구시렁은 굵은 알밤을 보는 순간 쏙 들어가고
온 식구들 몸살이 나는 가을
붉게 반들거리는 토실한 알밤이
밤마다 쏟아지는 소리
남몰래 새벽을 기다리던 모친은
누릿 누릿 흐드러진 들깨밭을 지나
그윽한 안갯속 이슬 채는 밤골을
처녀처럼 헤매며
생전에 못다 이룬 사랑을 끝없이 찾고 있다

동짓날, 암자의 그녀를 그리다

부처님 전 청수 올리고
무릎 닳도록 비는 여인아
향나무처럼 살가운 여인아

산다는 것은 어쩔 수 없는 운명도 있다며
절절히 제 살 깎아 그들에게 붙여줄 적
촛농을 연꽃으로 피워낸 긴 긴날
정작 홀로 외로운 여인아

만인의 업장 대신하여 승복 자락 감아쥐며
아득히 멀고 험한 길처에서
공양 팥죽을 쑤고 있을 여인아

내 기도까지 맡겨 둔 채
밖은 눈이 내리고
염불하는 너의 고요한 발자국이
물레처럼 하염없어
동짓날 나는
세 치 혀로 천수경이나 우물거릴 뿐이네

*밤 눈 내리는 동짓날 울산 세연암 친구를 그리다

첫눈

머리 풀어 헤친 눈바람이
적막한 병동으로
쏜살같이 비집고 들어와
그 간 심폐는 안녕한가를 염치없이 묻고 있다

애끓는 피붙이들과
누런 틀니를 해득거리며
간절히 나누고 싶었던 국밥 한 그릇
피안의 고갯마루 와불이 되어
흰 천이 덮여 나가는 날

만날 일도 웃을 일도 먹을 일도
슬플 겨를도 없이
그립다는 말이 송구하여 할 말을 놓고
하얗게 하얗게
방호복을 뒤집어쓴 첫눈
모든 현실을 지워낼 듯
찢어진 바람처럼
정미소 뒤꼍 풍구질처럼 기승떨며 몰려온다

빵집 앞 풍경

쫓기던 일상이 이월되는 연말
뽀오얀 미세먼지 속을
봄처럼 사분거리는 여고생들
영혼이 빠져나간 성탄 트리
시나브로 조는 빵집 앞
고소한 유혹을 호호 가리고

또 하나의 별리를 나선
사거리 자동차들은
두리번거리며 세밑 요기를 찾아 늘비하다

산더미 같은 뻥과자를 실은 뻥튀기 트럭이
십삼 월의 자리를 펴고
앞 유리창에 빨강 노랑 글씨로
커다란 소원을 써 붙였다
찰옥뻥 찰콩뻥 돼지감자뻥 인생뻥

섣달

처마 밑 고드름이 몇 해 만에 지팡이만큼 자랐다
장독대 소담한 눈
눈 부신 햇살
쪽마루 명경한 풍경소리 차암 예쁘다
발 시린 암 닭 세 마리
토방 아궁이 앞으로 종종종 달려 나와 불을 쬔다
새큰한 겨울 풍경에
강아지 삽살거리듯 들캉 날캉 들뜨고
나뭇가지 깝죽새 덩달아 신명이 났다

음력설은 아직 남았다는데
공연히 포르스름 걸린 시래기 한 타래 걷어 삶으며
가슴은 여태
엄니냄새 연기냄새 메주콩 삶는 냄새
초두부 익는 냄새 소죽 쑤는 냄새를
소환하고 있었나 보다

청옥색 하늘이 유난히 고와 호들갑이 절로 난다
흐메야 어쩜 저리 고울까!

詩를 파종하다

옹이 진 나무가 오래 타고
상처 아문 무늬가 아름다우며
꽃피기보다 열매 맺기에 참다운 것
그것이 詩의 씨앗이 아닐까

산다는 것은
겨울 들판으로 낡은 비닐 조각 뒹굴듯
허한 통증에 시달려도
세상은 다시
아름답고 기쁘고 살만하다는 믿음이
더욱 커다랗게 존재한다는 것

그 씨앗을 파종하기 위해
자연은 덤으로 다가와
따뜻한 한 그릇의 바람을 부비며 산다

가지 않은 길

무작정 찾은 하늘 아래 첫 집
용감한 집수리는 좀체 귀가 맞지 않아
초벌 애벌을 거쳐야만 겨우
한 귀퉁이씩 제자리 찾아 안도하며
산중에 미더운 아궁이 장작불이
시린 인생 뜨겁게 굽기까지
돌탑 굴뚝을 기도처럼 쌓아 올린 후

비로소 오수午睡에 빠진 우리들의 처소로
석양이 느리게 누워 젖을 물리고
오밀조밀 다랭이 돌담 사이
들고양이 산다람쥐 닭모이통으로 쥐들이
종일 살금거리는 마당으로
분가한 아이들 찾아오는 길
떠돌던 고향이 쭈뼛쭈뼛 돌아오는 길

*토방 집을 지으며

나의 귀향

많은 세월을 눈이 내리고
또 눈이 내리다
다람쥐 굴속까지 찾아 들어온 눈파랑이
비로소 잦아든다

허물은 부스럼같이 붙어
떠날 줄 모르건만
괜찮다고
애썼다고
말곶이에 매달린 바라밀이
어깨를 툭툭 친다

비로소 낮은 햇살
산골집 처마 눈물이 녹아
곶감 서너 타래 분칠을 하고

겨우내
털신 두 켤레
회한의 동안거를 매듭짓고 있다

그믐달

산다는 것이
무시로 쓸쓸하여라

겨울 들판
뒹굴다 쓸린 비닐
얼어붙은 그 자리

타다만 모닥불의
재와 나무잔챙이같이

새벽녘
산울 뒤로
식은 달 섧게도 간다

4부

빛들에게로

해마다 다시 돌아와 서러운 작별을 던지는 은행나무에게

생각만 켜도 그렁그렁 눈물이 나는 이들에게

피붙이처럼 달려 나가

닿지 못하는 남남의 존재들끼리

맨얼굴의 행색을 주저리주저리 풀어놓고 싶다

그러고만 싶다

옹기 항아리

흙으로 태어나
유구히 살아 내림하는
우직한 저 종족은
어찌 그리도 변함없이 평온한가 순박한가

저 있을 자리를 알고
제 소명을 알고
은근한 시선 어디쯤 겸손히 서서
고비고비 세상을 동고동락하며
삼신할미처럼 지켜오는
어찌 그리도 변함없는 정겨움이던가

이 세상 설익은 맛 모두 담아
음지 양지 고르게 숙성시켜
바람으로 알곡을 숨 쉬게 하는 혜안

일찍이 모나지 않은 민족이기에
정체불명의 시대는 잠시 불상사였음을
우리 아들들이 장성하여 말할 수 있음을 믿어

그를 바라보고 있으면

아주 먼 곳으로부터 흘러내리는 강물소리
섬섬이 이어진다

남이南二 가는 길

들고양이 느린 산길 갈피마다
깊숙이 앓아누운 노인보호구역

빛바랜 도계 푯말이 너덜거린 지 오래전
바람은 응달 집을 꿰차고 앉아
나간 자손은 기약이 없다

고불고불 모랭이 지나
반가운 사람 하나
마른 겨울꽃처럼 웃는 비밀스런 산속
녹슨 기도원 십자가를 지나
개울을 끼고
산비탈을 돌고 도는 외길

지푸라기 씨적이는 면소 삼거리
지팡이를 짚은 추레한 노인
간간이 쿨렁이는 자동차 꽁무니를 쫓다
먼 하늘 한 점
해묵은 허수아비가 되어 선다

빛들에게로

빼곡히 새어 나오는 아파트촌 불빛들에게

처마마다 딱정벌레처럼 엉겨 잠든 자동차들에게

도심의 총총 내걸린 십자가 위로
생경이 나와 걸린 반달에게

어린아이 동공처럼 자울대는 자투리 빛들에게

해마다 다시 돌아와
서러운 작별을 던지는 은행나무에게

생각만 켜도 그렁그렁 눈물이 나는 이들에게

피붙이처럼 달려나가

닿지 못하는 남남의 존재들끼리

맨얼굴의 행색을 주저리주저리 풀어놓고 싶다

그러고만 싶다

밤 벚꽃놀이

이 밤 지나면
하얗게 죽어
서러움 겹겹 쌓일지 몰라

차마 꼭 할 말은 삼키고
꽃길에 나앉아
울렁이는 사람들

맺지 못할 고백 쏠려 드는
붉은 주점 전대 자루

광대극이 끝난 후
키들거리는 달빛
술잔 속으로

꽃잎
꽃잎
꽃잎

이불을 터는 여자

출근 전 겨우 시늉만 낸 식탁을 차리다 보면
뒷 베란다가 보이는 그 집 난간에서
하루도 빠짐없이 이불을 털고 있는 여자
두툼한 팔뚝으로 사정없이 탈탈 털어댄다
내가 가끔 이불을 들고 터는 날은
종일을 어깻죽지가 아픈 날

분명 그 여자는
삼짇날 장도 잘 담글 것이고
이른 봄 쑥개떡도 금방 쪄낼 것이고
호박 수제비도 잘 끓일 것이고
얼큰한 김치도 톱톱히 잘 담을 것이고
소한 동치미 단지 속에
새파란 생강 잎을 우거지로 얹을 것이다

지천명이 지나도록 깨작깨작
밥조차 복스럽게 먹을 줄 모르는
나는 아직도 인생의 보조원이다

물김치

설렁설렁 담근 물김치가 새곰히 익는다
복중에는 그저 흰밥에 오이지와 물김치가 눈이 변하지
군침 도는 퇴근길
도둑괭이처럼 들어와 허겁지겁 국물을 뜬다

어릴 적 엄마의 귀한 살림살이였던
둥글고 빨간 플라스틱 통
자박자박 버무린 열무를 쟁여 넣고
목울대에 끈을 매달아
내려다보면 내 얼굴이 비치는 우물 속으로 내려뜨리고
끼니때마다 짐치 두레박을 끌어 올렸지
아! 신신하고 톡 쏘는 그 맛

새카맣게 그을린 부엌 칸 엄마의
뽕밭 속 열무김치는
평생 숙성된 물김치가 되어 내게로 왔네

무릎 괴고 앉아 짐치국을 마시다
창틈으로 어느새 가르가르 귀뚜리소리
안온한 만찬 그리움 한 술
젓가락 한 벌 끼고 꾸역꾸역 동숙하는 저녁

다랭이길

방금 헹궈낸 유리창 같은 하늘
숭어리숭어리 눈 시린 이팝나무

찰진 마당처럼 물 잡아 놓은 무논에
어느새 써레질을 했는지
띄엄띄엄 붉은 농기계 들어앉아 쉰다

날이 새면 이별을 나르는 주야간보호센터
보일 듯 숨을 듯
노란색 버스 한 점 뒤뚱이며

간신히 운신하다 떠난 점방처럼
돌아올 사람 잊혀가는 다랭이길

불과 며칠 후면
눈물 같던 이팝꽃 떨어지고
포르라니 벼 포기 나날이 새끼 치겠지

소

벗겨진 포장이 너덜거리는 트럭 위로 소들이 실려 간다
소의 등골이 철철 비에 젖는다
덜컹거리는 철판 쇳소리
흔들릴 때마다 발굽이 미끄러진다

어디로 쓸려가는가
어디로 떠밀려가는가
그와 나의 부표가 빗물에 뒤섞인 채
이름 모를 종착지의 두려움
멈추지 않는 바퀴 속으로 삼켜 든다

묵은 무수에 바람이 들듯
소도 뼛골로 바람이 들 때
소는 사람처럼 사람은 소처럼 묵묵히 떠밀려간다

와이퍼는 소의 눈물을 닦느라 분분해도
고개를 떨군 그 눈은 차마 볼 수가 없다

향수

파란 물결 나붓는
보리밭을 보면 눈물이 난다

개망초 망울 흩어진 언덕
새김질하는 어미 소와 꼴을 베는 아버지
싯푸른 지게 춤
산딸기 한 가지 뽈긋 꽂히고
찔레 꺾는 상고머리 계집애
구구새 소리 들으며
뭉툭한 호미 끝에서 바스러지던 엄마

그리운 사람은 그리운 대로
가슴속에 살며
가물거리는 꿈같이 지나고 또 지나고

밭두렁 허수아비 횅한 날
사뭇사뭇 감잎 얹히는 뒤란
옹기종기 해묵는 장독대만 봐도
까닭도 없이 눈물이 난다

장마

장마 통에 강낭콩 싹이 내밀기 시작하면
갸울갸울 신이 난 도랑가에서
福의 복 자가 절반이 닳은 양은 숟가락을 꼬옥 쥐고
감자 허물 벗기느라 빨갛게 무른 손
엄마는 습하다 못해 미끄러운 부엌짝에서
무쇠솥에 장작개비 서너 토막 시렁을 앉혀
적신 베보자기를 펴고 호박잎 얹고
그 위에 알감자를 편편이 둥글린 후
강낭콩 섞인 거무튀튀한 반죽을 주르륵 쏟아부으면
엉겨 붙어 구실구실 쪄지는 감자범벅
아버지는 늦은 저녁상 곁을 주춤주춤
염치없는 표정으로 다가앉으시며
연신 '일 안 하면 먹지도 말아야 하는데…'

젖은 솔가지 연기는 마당으로 구름처럼 눕고
퍼질러 내리는 비는 푸르딩딩한 곰팡이를
옹색한 마루 밑으로 마당귀퉁이로
마구 질러놓고 꼽등이를 산란했지
아버지 독송이 귓전에서 평생을 가훈처럼 걸려 사네

말매미

누가 이처럼 세상에 태어나
혼신을 다해 사랑을 부르짖고

누가 이처럼
쉼 없이 목울대 찢기며
용맹한 삶을 살다 가는가
온몸을 불사르던 굵고 뜨거운 생애

다음 생의 기약인가
정자나무 꼭대기 마지막 온기까지
혼신을 다해 허물을 벗어 걸고
진자리 삭정이 속으로

누가 이처럼
숙명이듯 의연히 사라지는가

선물

내가 갖고 싶던 것
내가 먹고 싶던 것
내가 필요했던 것
내가 보고 싶던 것
내가 좋아하던 것
내가 소망하던 것
내가 그리워하던 것

차마
나 혼자는 차지하기 미안하여
누군가에게 주고 싶은 것이다

어느 가을날의 오후

석양 언덕 가슬가슬
누우런 바람이 일고
마타리 쑥부쟁이 서글한 시선이
가고 또 오는 하늘

새소리도 잠든 아름드리 솔 길
수도승을 만나는 반가움
고요히 아름다워라

저녁연기 감도는 풍경소리
흰 고무신 가지런히 수행하고
찻잎 달이는 여승의 눈이
들꽃처럼 웃던 산방
조붓한 어느 가을날의 오후

처서

산 중턱 오지마을 마지막 남은
예배당 녹슨 종소리
데엥 데엥 데엥 경전을 읽는 오후
하느님보다 분주한 휴일
흙을 돋워 파종하다 딜레를 기억한다
씨는 다시 태어나기 위해 몸을 묻고
또 하나의 낮은 하루를 삭제하고 있네

박제될 매미의 발악은 서서히 잦아들고
풀벌레들은 명을 예감하네
이해 여름은
다시 오지 않을 것이네

생을 복구할 수 있다면
초기화시킬 수 있다면
다시금 잘할 용기가 있을까
회한이 산처럼 서서 고개를 숙이고
이 빈난한 세상에 나와 이삭을 줍고 있네

12월의 칼국수

가는 연말 아쉬워 칼국수나 먹자고
국숫집을 찾았다
해물! 주문을 하자 수제국수가 양푼 가득
생막 하나요 하니 양촌 막걸리가 폴짝 앉는다
국물이 설설 끓는다
뜸벙 뜸벙 한 마디씩 나눌 때마다
손때 묻은 기둥의 묵은 냄새처럼 평범한 안락함이
국수 가락을 붇게 하고 막걸리를 가라앉게 한다
짝짝 문양 젓가락에 잠시 시선을 두다
막걸리를 휘휘 저어 홀짝이며 세월 참 빠르네오 하니
시어 고부라져 게 벗은 무김치가 흐뜩 웃는다
부지런히 젓가락질해도 국숫발은 자꾸만 분다
불을 끈다 명색이 수명이던 국수는
단 한 시간의 세월도 가만두지 않고
네 맛 내 맛 없이 불어 터지고 있다
불어 터져 걷잡을 수 없는 나이
탁배기에 보쌈김치나 시킬 일이지
마주한 주름만 환한 대낮에 무색하다
오늘만큼은 좋은 사람과
칼국수를 먹는 것이 아니었는데

터미널 국밥집

콩나물국밥을 놓고 언제나 감동하는 이유를 아시나요
겨울 아침이면 시커먼 등허리를 일제히 수그린 채
국밥을 후룩거리는 풍경이 눈물겨운 이유를 아시나요
으슬거리는 몸으로 하루를 마친 저녁
누군가 편히 마주 앉을 사람이 생각날 때
그 집으로 달려가고 싶은 이유를 아시나요

이른 아침 소주 서너 병을 비우는 남녀의 슬리퍼가
제멋대로 흔들거리며 일상을 나누고
장화 신은 이들은 안주를 시키느라 웅성거리며
모자를 눌러쓴 부스스한 여자들
혼자 들어서는 구부정한 노인
유니폼을 입은 서둘러 들어오는 젊은 청년
고속버스를 타려는지 긴장한 아저씨
아침밥 하기 싫어 나왔다는 여자
인력사무소에서 온 듯한 이들
아무리 둘러봐도 나와 비슷한 사람들끼리
설설 끓는 콩나물 뚝배기에
날달걀 하나 탁 깨뜨려 풀고
허연 석박지와 몇 쪽 땡추와 새우젓이 전부인
동지애 철저한 반찬 앞에서

국밥 놓고 허겁지겁 몰두하는 모습이 왠지 숙연해지고
절로 감사히 먹게 되는 이유를 아시나요

'아 시원해' 연발하며
허기진 가슴으로 뚝배기를 비우노라면
온 세상이 맛있고 편하고 배부르며
온 마음이 낮아지고 넓어지고
무시로 그리워지는 그 이유를 아시나요
콩나물같이 겸손한 가격표에
모든 이들의 가성비 높아지는 연유를 아시나요
겨울 외투 같고 아랫목같이 뜨끈한 콩나물국밥집
논산고속터미널 앞 24시 국밥집을 아시나요

울지 마라

지천으로 흩어진 들꽃의 해맑간 웃음도
쓰디쓴 날을 지나서 왔다
지금은 견딜 수 없이 구너져 내려도
모든 것은 지나가고 들풀처럼 다시 일어선다

아파트 숲길 불이 켜지고
편의점 배달라이더 자동차들의
총총한 저녁 발자국이
식구처럼 감전되는 저녁
고등어 냄새를 따라 들어가 보자

울지 마라
가을은 봄이 되고 봄은 가을이 되어
희망은 늘 병목에서 기다린다
생전에 못 볼 듯 몰려드는 슬픔
숟가락 위로 얹어 꿀꺽 삼켜 보자
새파란 하늘 한가운데르 나아간 매미처럼 당당해지자

전시장

한겨울 저물녘 강변을 나갔습니다
초승달 명경히 걸린
끝없이 이어지는 갈대숲으로
출렁이던 하루 불빛이 숨을 토하며 몸을 누이는군요

가슴 속 계절은 이토록 춥고 팍팍한데
세상은 더없이 아름답게
우리네 넝마 인생을 전시하고 있었습니다

어둠 속 저 강물은 어디로 흘러가고
우리는 어디로 가고 있는지
아무에게도 묻지 못해
애꿎은 억새만 만지작거렸습니다
저들도 서글픔까지는 그릴 수가 없나 봅니다

그저 만화 속 별빛처럼 까무룩 잠들면 좋겠습니다

*수복정에서

폐차 그 영원한 이별

남들처럼 번듯한 새 옷 한번 못 입히고
단골병원에서 고급뼈대 한번 번듯이 갈아주지 못하고
짝짝 무늬 발자국이 가끔 주저앉다 견인되며
사철 출퇴근 바라지에 상처투성이 몸으로
억센 살림 실어 나르던 주인 닮아가던 그대

매매상이 헐값으로 던지곤 내일 데리고 간다 하여
이별이 아파 질금질금 눈물 내다 잠들었더니
새벽 꿈속에서
스치듯 문 앞에 서 있던 그를 보았네
왠지 마음 걸려 조바심이 나서
날이 새는 대로 약속된 곳으로 달려 나가
토닥토닥 작별 인사를 해야지
주인을 잘못 만나 정말 많이 애썼다고
함께 살아줘 행복했다고
그대 몸이 늙어 이렇게 보낼 수밖에 없었다고

이른 아침 이미 또 하나의 나는 끌려가 없고
문 앞에 서 있던 시각이 떠난 순간이었음을 직감했다
인사도 제대로 못 한 채 보낸 서운한 가슴
며칠을 누그리는데 얼마 후 문자가 왔다
7543 차는 폐차 접수되었습니다

고로쇠 축제

가슴에 가닥가닥 못이 박힌 십자가 줄을 타고

명줄마저 아낌없이 수혈하는 성자들

온몸의 상처 아물 날 없어
손발 오그라드는 고로쇠 속죄의 봄

생명을 훔친 자들이 모여
흥정을 부추기는 꽹과리 소리

깊은 산골
차마 못 할 짓이 벌어지고 있었네

그리움의 정석

그리움이란 간격이 있어야 정석이다

너와 나 글자 획은 같으나 안과 밖을 향하듯
그리움이란
근시와 원시 사이의 거리이다
비와 햇빛 사이의 우산이다

잡힐 듯 다가가면 그만큼 물러서는
높이도 두께도 알 수 없는 안개 벽이다

밀려오듯 밀려가는 너와 나의 간격
그 가운데 쓸쓸히 서성이는
떨림과 끌림 사이 흔들리는 바람이다

그 틈으로 그럼에도 그리움이란
극과 극의 자기장이
척박한 땅 위로 피워내는 야생화이기 때문이다

푸른 잣나무밭이 사라졌다

사변 때 아버지가 심고
평생 잣을 따고 팔던 잣나무밭
그 후 오랜 세월 청설모가 잣을 따 내렸고
겨울이면 한 알 한 알 잣을 까던 엄마

찬 봄빛 아래 잔설 설렁이는 날
귀 잘린 가지에서 닥나무 껍질 치렁치렁 마르는 삼월
노쇠한 부모 덩그마니 남겨지고
베어 나간 밑동에서 송진이 진물 맺혀 운다

청설모 먹다 떨군 잣송이 찾아
평생 어혈이 든 채 느릿한 그림자 둘
대문 밖을 나서더니
도랑을 건너
잣밭 끄트머리 선산 문턱까지 실타래처럼 늘여져 있다
언젠가는 저 끈이 끊어질 때 있으리
아! 모질던 생의 바람이여

5부

신록이 피면 아픔도 가고

폐지를 줍는 노인
가늘다가는 발목
낡은 운동화 끌리는 소리

세상이 비워내는 껍데기들을
알맹이로 곰손히 거둬
더듬더듬 손수레를 민다

마중

이 비 그치면
내 눈에도 풀빛이 돌고 내 어깨 위로 날개 돋으리
자동차들이 쏟아져 나와 꽃처럼 술렁이는 거리
소란스런 들판이 일어난다
풀꽃이 터진다
면목 없던 겨울에 새순이 솟아 부화하는 봄
비로소 올 것이 왔다
나도 이 봄날 꼭 하나 할 일이 있네
흰머리 염색 들이는 일

손수레

묵은눈이 겹겹 얼어붙은 가로등 아래
폐지를 줍는 노인
가늘디가는 발목
낡은 운동화 끌리는 소리

세상이 비워내는 껍데기들을
알맹이로 공손히 거둬
더듬더듬 손수레를 민다

빳빳이 언 박스는 몇 번이고 미끄러지다
휘어진 청춘을 내어놓는
무덤 같은 골목

한 끼니의 노역이
새벽을 바꾸러 느릿느릿 굴러간다

중환병동에서

한 발은 이곳을 놓고
한 발은 저곳을 놓고

들숨은 이곳에서
날숨은 저곳에서

시계 초침 소리
고요히 누운

갈 사람 남은 사람
영겁의 길목

그리움은 그리운 대로
망부석이 되어 간다

대상포진

가슴 속 씨줄 날줄이 엉켜 해일이 인다
오래전부터 앓던 열병이 내 살 속 골목에 숨어 살았다

가슴을 타고 입술에서 옆구리로
신경 줄을 따라 번진 불씨는 화염처럼 터져
산을 지나고 강을 지나
길이 아닌 길을 마구 헤집는 들불
너는 왜 그때 그 상처를 되살리며 굳이 오는가

불이 꺼지고 침묵하던 뇌가 들고 일어난다
일단정지
묵정이 한 꺼풀 벗는 애환의 道

연말연시

새해 첫 출근길
구수한 믹스커피 한 잔
지난해 불면을 헹구어내건만

연말에 먹은 마음
연시에 까먹고
욕심이 누덕누덕 붙은 소망만 가득

신록이 피면 아픔도 가고

한겨울 엄니아버지 집이 전소되었다.

설날 전 가마솥에 곰탕을 고아 명절에 자식들 먹이려던 엄니는 사흘 밤낮으로 장작을 뫼었고 워낙 야문 엄니는 아궁이 앞이 맨질거리도록 단속을 하고 들어오셨다는 저녁, 거실은 암막커튼이 쳐지고 잠이 드셨다고 했다.

그 시간 아랫집 당숙모가 불길을 발견하지 못했더라면 생각만 해도 아찔했다. 온 핏줄들의 심장이 새카맣게 탔다. 모두 눈앞이 캄캄했다. 노쇠한 부모는 깨진 창문으로 구출되고 모든 일상은 일시에 재가 되어버렸으며, 타다 남은 앨범이 가차 없이 뿌려댄 시커먼 물로 처박혔고, 기둥만 남은 자리는 참담하고 무서웠다.

누전일 수도 있었지만, 엄니는 자책으로 심장과 손발이 떨려 탈진하셨고, 아부지는 놀란 가슴으로 더욱 아이가 되어 자주 우셨다. 산만큼 쌓인 폐기물 위로 설렁설렁 눈이 날리고 세밑 추위는 매서웠다. 자식들 거처를 전전하며 탈바꿈을 위한 전쟁이 치러지는 와중에 여차저차 다시 제 자리에 작은 집을 짓기로 했다.

날일 하는 일꾼들은 채찍처럼 쫓겨 터를 닦으며 시퍼렇게 언 얼굴로 눈만 빠꼼이 커피 한잔이 못내 짠하다. 우선 급한 대로 병원과 천 원마트와 먹거리와 피복과 침구들을 끊임없이 준비하며, 이렇게 살아계셔서 천행이예요.

병원으로 실려 가셨더라면 또 뒷산까지 불이 붙었다면 어쩔 뻔했어요. 수없는 위로와 함께 막내는 집까지 맡아 짓느라 혼이 빠지면서도 모든 기를 짜내어 좁은 내부를 엄니 기준에 맞춰 넣고 달고 꾸미느라 쉴 새 없이 휴대폰을 들고 자동차를 몰아대며 눈이 퀭하다.

그렇게 춥고 시리고 우울한 우리의 겨울이 아주 조금씩이나마 풀려가고 있었고. 아부지는 눈을 뜨면 집에 가보자고 성화셨다. 잘 걷지 못하시다가도 마당을 밟으면 익숙한 걸음으로 어느결에 도랑 건너 밭둑을 나가신다.

쫓기듯 기둥은 눈물겹게 세워지고 판넬은 제법 빨리 성을 쌓아 갔으며 마당 한쪽 수돗가 지붕이 훌쩍 높아져 집은 한층 대궐 같았다. 넓은 데크도 깔고 나니 마치 캠핑 펜션 같아 우리 모두는 행복해지기 시작했다.

엄니는 아까워 싸뒀던 새 신발들을 이야기하다 아버지 지갑에 잔돈이 들었었다며, 사라진 흔적들을 하나둘씩 들춰냈다. 비록 낡은 전화선으로 만든 섬세한 엄니 작품들은 사라졌으나, 평생을 옹색한 시골집에서 나무, 연탄, 화목, 기름으로 얼룩진 허름한 집을 엄니 손재주와 지혜로 수없이 덧대어 살아오다, 이렇게 튼튼하고 따뜻하며 깨끗한 집을 살게 되시다니! 동생은 온 집안을 하얗게 변신시켰고 엄니 방을 소녀 방처럼 꾸미며 엄니보다 더 들떠했다.

아버지 방은 다시 병상 침대가 놓이고 비로소 안도하셨다.

살아오면서 엄니의 화안한 웃음과 들뜬 목소리가 실로

있기는 있었을까.

엄니의 동당거리는 발걸음과 구석구석 챙기시는 모습은 희망 그 자체였다.

우리는 사네 못 사네 해도 반듯하고 편리한 아파트를 손 뒤집듯 살면서 종종 구적거리는 살림 좀 버리시라고 난리를 하곤 했다. 엄니는 오로지 자식들을 위한 명목이 밭일 이외엔 없었으며 삶의 전부였고, 끈이었던 엄니는 정작 자식들 움직임에 얹혀야만 외출이 가능했고 병원이나마 갈 수 있었다. 모든 답답함을 밭일로 삭이며 늘 우울하던 엄니가 모처럼 비 개인 날 들풀같이 설레는 소녀가 되어 돌아왔다.

마치 오랜 염원이 갑자기 이뤄지기라도 한 듯 우리는 덩달아 뿌듯했고 조촐하나마 고사상을 올리고 엄니 아버지는 구석구석 막걸리를 올리며 어리석은 인간을 그저 굽어살펴 주시길 허리 굽혀 간절히 기원했다.

그런 얼마 후 남쪽에는 몇 며칠을 거대한 산불이 도깨비처럼 휩쓸어 수없는 산과 사람들이 재가 되었다. 겨우 잦아진 가슴이 다시 저리고 아파 눈물이 났다 유독 혹독했던 아린 시간을 모두 잘 견뎌낸 대견한 봄. 언젠가는 웃으며 기억할 때 있으리라. 아픔은 조금씩 아물어가고 연둣빛 신록이 연고 바른 새살처럼 눈부시게 돋는다.

이제 밭일은 절대 그만두기로 한 엄니 약속도 다시 돌아왔고, 가만가만 씨앗을 준비하는 엄니 발자욱이 조금 넓어진 창고 속에서 바스락인다.

엄니 아버지, 예쁜 집 사랑땜 다할 때까지 손톱달만큼 남은 생 강령하셔야 해요. 부디!

어쩌다 보니 김치녀

 어쩌다 보니 이렇게 산다.
 주말마다 걷잡을 수 없이 자라는 채소는 텃밭에서 유들거리며 매번 유혹이다. 토요일 아침 이불속에서 먹은 마음은 벌써 배추를 훨훨 솎아 왕소금 설설 뿌리고, 자박자박 열무 반김치 재우고 연못가 장독 젓국을 뜨러 나가고 대파 한 움큼 뽑고 쌀풀을 쑤며 고춧가루 마늘 생강 양파 새우젓 매실청을 늘어놓고 아이들에게 보낼 김치통을 주욱 내어놓는다.
 의례히 뒷시중과 김치 버무리는 일에 달인이 된 남편은 어린 쪽파를 한 바구니 다듬다 허리꼬뱅이 곱다는 핑계로 맥주 한잔 쏠쏠하다. 가지런히 파김치를 담고 배추를 버무려 넣은 크고 작은 김치통이 올망졸망 흡족하여 공연히 수다가 는다. 겉절이에 통깨를 뿌려 큼직한 접시에 담노라면 그 새 수육 삶는 냄새 설풋 계피향이 핀다.
 아이들이 없었다면 무엇을 하며 산다냐.
 아이들이 없었다면 무엇을 기다리며 산다냐던 엄마의 지론에 대해 이제야 겨우 회답을 한다. 지치고 아픈 시간들과 분주한 일상이 앞서거니 뒤서거니 언제나 아이들과 함께 웃으며 온다. 모든 것은 지나가고 지나간다는 것을 깨달았을 때는 너무 멀리 와버렸다.
 한순간 소중한 생애를 철없이 허비했으므로 하늘과 바

람과 나무와 들풀 속에서 산다는 것 인생에 대한 최소한의 예의가 아닐까. 텃밭 가득 고이는 하늘의 실과나무와 작은 풀꽃들의 넘실거리는 사랑 앞에서 어쩌다 보니 한없이 감격하며 겸손해지고 있다.

 언니, 이번 주말은 뭐해? 또 김치녀야? <u>흐흐흐</u>…

달인

아침 눈 뜨니 또 일곱 시가 넘는다.

온몸은 얼얼하고 현기증이 핑 도는 늘 그런 아침 간신히 일어나 씻고 정신 차리며 쌀보리 찹쌀 콩 한 줌씩 넣어 밥을 안치고, 냉장고에 보이는 대로 앳배추 몇 장과 따다 놓은 솔버섯 몇 가 왕멸치 다시마 콩나물 넣고 습관처럼 된장국을 얹는다.

큰 녀석 먹을 점심거리로 닭고기 한 덩이 녹이면서 후다닥 야채 썰며 가스 불 켜며 얼린 마늘 찾으며 익숙한 손발이 기이하다. 맛보는 일 따위는 이미 사치다. 찰찰 압력솥 돌아가는 소리에 온 집안이 환해지고 커튼이 올라가는 사이 후다닥 옷 찾아 입고 얼굴 두드리다 헤어드라이 하며 차키 안경 휴대폰을 착념한다.

이 세 가지 중 어느 하나라도 잊는 날은 황망하기 짝이 없다.

차 키는 지난번에도 안에 두고 내려 애달복달 애 닳았지. 10분만 일찍 일어나도 이렇게 바쁘지 않으련만 날마다 그 생각은 생각일 뿐 저녁부터 한밤중은 얼마나 소중하고 기꺼운 나만의 시간이란 말인가. 어서 일어나라고 아이에게 잔소리하며 겨우 뜸 드는 압력솥에 물을 끼얹어 강제로 김을 빼며 일단 막둥이 입에 억지로 밥 한술 재촉하여 내보내고 밥상은 바쁜 사람이 먼저 차린다.

큰애는 반찬 꺼내고 남편은 보온병에 약물을 담고 밥을 푼다.

 나는 5분 동안 된장국 한술 뜨는 둥 마는 둥 후딱 설거지 후, 차 시동 걸며 첫 번째 신호 걸리면 눈썹 그리고 두 번째 신호 걸리면 립스틱 바르며 그 와중에 카톡 소식과 음악방을 둘러 나오며 와다다 사무실 입성!

 커피 물 올리고 앉아서 '휴우… 내두 뭔지는 몰러두 확실히 달인이여'

송전탑에 걸려든 잠자리

 나의 숙소가 있는 대학로 원룸촌은 글로벌화된 지 오래다.

 마을 초입마다 ○○학사 ○○○원룸 등 팻말이 다닥다닥 꽂히고, 주정차금지 갓길주차과태료가 너줄거리는 현수막이 펄떡이며 굿을 하는 도로변으로 해 떨어지기 무섭게 덤프트럭이 독점이다.

 송전탑이 둘러친 거미줄로 빼곡히 걸려든 낡은 학사들은 외노자의 점령으로 다시아마트가 산재한 여름밤, 떠들썩한 편의점 앞은 낯선 언어들의 꿈이 플라스틱 팔걸이의자에 걸쳐져 목을 축이며 우리가 안으로 숨어들어 갈수록 그들의 세상은 활가를 친다.

 한 시절 중동으로 외화벌이하던 세대의 고통이 늘 가슴 한켠에 산다.

 날마다 비닐하우스 공장 가축장 간병인으로 봉고차에서 꾸역꾸역 쏟아지는 고단한 행색의 언어들이 한 움큼씩 퇴근길을 깨운다. 나는 먼 나라와 동숙하다 자연히 동남아권으로 편입되었으나 거리는 좀체 좁혀지지 않는다.

 밤이면 늘 캄캄하던 원룸촌 어귀는 최근 가로등이 제법 섰으나, 덤프트럭이 줄줄이 잠든 변전소 주변에 부랴부랴 낡루를 포장한 듯, 길바닥으로 여성안심귀갓길이라는 쌩뚱스런 문구가 도색되어 풍문으로 들었던 사각지대를 확실히 각인시키는 주차장으로 언제부터인지 버리고 간 차들로 들어찬다.

　차들은 조금씩 깨지고 찌그러져 유리 파편이 늘비한 채 해가 바뀌고, 주차할 때마다 파손된 차들과 거대한 덤프들 틈에서 때때로 무섬증에 심장이 우둘거린다. 하늘에 별이 뜨고 달이 나오는 저녁, 남은 노을은 사람을 그립게 하다 가고, 달디단 저녁 풀냄새에 명분 없는 쓸쓸함으로 언제부터인지 슬픈 노래는 듣지 않기로 했다.

　저녁 바람은 허접한 그리움을 간절하게 하여 갈대숲 민물 게 달아나듯 들어와 문을 잠그면, 비로소 고요와 안온함이 온전히 안겨들어 의례히 컴퓨터를 켜고 드넓은 통로를 지나 더 깊숙이 내밀한 방으로 들어간다. 벽에 걸린 작은 기도와 희미해지는 형광등과 더러 나타나는 바퀴와 건들거리며 질질거리는 수도꼭지는, 변두리 원룸촌과 사글세와 기울어진 학사간판과 외노자와 독거인들과의 불가분의 연관성에 대해 모종의 약속처럼 침묵하는 송전탑 그물에 걸린 잠자리들은, 그 세상을 전부처럼 살아간다.

　근래 명색이 대학가 앞은 구제옷집 조명이 그중 가장 밝고 그다음으로 신규 오픈한 커피점과 돼지국밥집이 그런대로 자리를 잘 앉았다.

　늙은 건물주는 잃을 것 없다는 듯 학사를 내놓는다며 입구마다 현수막을 내걸었고 내게 싸게 줄 테니 몽땅 긁어보라고 얼척없이 들이댄다. 먼지가 폭삭이는 컴컴한 복도 창틀에서 새 주인이 언제 나타날지는 알 수 없다.

　쏜살같이 날이 가는 밤이면 고양이처럼 살아나는 나는

송전탑보다 더 촘촘한 시간을 엮으며 미친 척 복권 한 줄 품어 본다.
 길가에 밟히는 풀꽃도 저마다 피는 까닭이 있겠지.
 전봇대를 기어오르는 나팔꽃도 기를 쓰고 피는 까닭이 있겠지.
 가장 최선을 다해 사는 것에 대해 우리네처럼 쓸쓸하지 않은 척 뽐내며 말이야.

하나님 우리 하나님 (콩트)

 근무 중에 잠깐 외출할 일이 있어 나가는데, 우리 병원 강아지가 먼저 앞서 주차장으로 달려가더니, 앞문에 대고 목을 쓰적이고 뒤집으며 아양을 떤다. 영문을 몰라 어서 들어가라 해도 연신 비비댄다. 가만 보니 바람을 쐬고 싶어 차를 태워 달라는 애교다. 퇴근시간엔 한 번도 태워달라 하지 않더니 외출하는 것을 알고 찔러 보는 모양새다.
 미안하긴 했지만 거절하며 들어가라 하고 다녀오니, 병원 앞 주차 길에 그저 앉아있다. 이름을 불렀다. 고개를 휙 돌려버리고 또아리 틀고 들은 척도 않는다. 누군가 일부러 놓고 간 유기견으로 어찌 영리한지 귀여움을 독차지한다.
 원장님은 빨간 저택을 하사하고 병원 발전을 염원할 정도로 기쁨조였다. 원장님 밤샘 근무할 때 곁에서 있어주며 직원들은 물론 환자들과 보호자들 그리고 동네사람을 구분하며 톡톡히 밥값을 한다.
 겨우내 저택 안에는 밤마다 전깃불이 환안하게 켜있고, 바닥은 전기 판넬과 문 앞으로 백자갈이 깔렸으며, 조리사들이 날마다 산해진미 수라를 올리며 알현한다.
 그렇게 얼마간 넓은 잔디밭에서 신랄한 삼류에 놀아나더니, 새끼 네 마리를 보기 좋게 낳았다. 쇠고기미역국에 갖은 찬으로 몸조리하며 사랑받는 것도 여러 가지다.

하양 누렁 까망 바둑이 새끼들 넷이 다 다른 색을 갖고 나와 환자 한 분이 나서서 애 아빠가 넷이라고 우기는 바람에 벤치에 모여든 혼자들의 갑론을박으로 뜨거운 감자 폭발이었으며, 하나병원에 경사가 났음은 물론 환자들의 정서적 지대한 공헌자 그녀 이름은 '하나' 기쁨 사랑 희망 웃음 행복의 전령사로서 지존의 자리를 독차지했다. 개 팔자 상팔자요 오죽하면 직원들 사이에서 공공연히 하는 말

"원장님 아래 '하나'요, 그 아래 우리 있다."

그리하여 호칭까지 저절로 〈하나님〉이 되었다.

얼마 후, 둘이만 꼭 붙어 다니던 부부 중 하나님 신랑이 그만 밤중 보호자 차량에 치어 먼저 가버려 모두가 흰 광목옷을 해 입기 직전일만큼 원장님의 충격이 컸고, 직원들이 뒷산에 고이 안치시키고 기도를 올렸다. 그녀는 한동안 배회하며 밥을 믓 먹더니, 그만 잊어버리기로 했는지 수염만 고양이처럼 길게 난다.

얼마 후, 새끼들은 분양되고 달거리할 때만 기다리는데 환자들의 걱정이 태산이다. 태기가 있을 생각은 않고 수염이 먼저 난다고 동네 수캐들이 왜 안 오는지 모르겠다며 날마다 기다린다.

그러더니 요즘 부쩍 봄바람이 다시 드는지 좀 크고 우람하게 생긴 녀석이 가끔 졸개들을 데리고 와 병원 앞마당이 개판이 벌어져 환자들이 신이 났다. 청소하는 총각은 똥 치우기 바쁜데 매일 닐리리 개판이라고 투덜거린다.

점심시간 젊은 남자 직원들이 서서 담배를 피우다가
"야! 하나 너 때문에 우린 개밥이여, 임마!"
그러고는 꽁초를 휘딱 개 저택으로 던지다가- 슬며시 줍는다.

여직원들은 "우리는 개만도 못해, 보너스는 퀄 개 풀 뜯는 소리니." 하며, 커피잔의 반은 꼭 남겨서 하나님을 드리면, 종이컵에 주둥이를 박고 핥다가 빼지 못해 내둘 내둘 아주 우스꽝이다.

문 앞에 씨적이던 풀들이 빗낱에 주저앉고 엷게 흐리는 하늘.

봄이 오시나 보다!

해설

불교적 시각으로 자아와 세상 바라보기

―손희락(시인·문학평론가)

1. 이미지 형상화와 언어 표현의 허용범위

조영미는 불교적 시각으로 세상을 바라보고 자아를 성찰한다. 생의 흔적들을 반추하다가 시인의 명찰을 패용한다. 자발적 선택 같지만 하늘이 정한 운명이다. 시는 파롤(parole)이다. 시의 언어로 사물의 본질과 내적 본질을 응시하도록 깨우쳐야 한다. 시인이란 막중한 소명을 자각할수록 심적 고통은 배가된다. 사찰에서 불탑을 쌓듯이 독자적 언어로 탑을 쌓아간다. 시의 탑을 쌓다 보면 우주의 한 측면을 전유하는 쾌감도 느끼지만, 언어적 표현의 한계로 절망하기도 한다. 시인에게 첫 시집은 의미가 깊다. 데뷔 이후, 한국 문단에서 살아남았다는 증표이기도 하다. 첫 시집에 붙이는 서평은 가슴 설렘과 두려움이 교차한다. 시적 표현 의도가 언어 질서에서 이탈하지 않았는지 궁금하기도 하다. 시의 의미는 창작 의도와는 다르게 작용한다. 시를 읽는 독자의 의식에 의해서 해석은 달라진다. 중요한 문제는 시적 허용(Poetic License)에 있다. 지나친 비유나 해독이 불가한 언어 구사와 이미지 등은 시적 허용의 범주에서 이탈한 경우이다. 불교적 인과(因果)를 다룬 조영미의 시는 독자를 배려한다. 이해와 소통, 상호 교감을 중시하여 이미지가 짜였다. 시적 허용 범위 안에서 수사적 전략을 세운 시적 기교가 돋보인다.

누가 이처럼 세상에 태어나
혼신을 다해 사랑을 부르짖고

누가 이처럼
쉼 없이 목울대 찢기며
용맹한 삶을 살다 가는가
온몸을 불사르던 굵고 뜨거운 생애

다음 생의 기약인가
정자나무 꼭대기 마지막 온기까지
혼신을 다해 허물을 벗어 걸고
진자리 삭정이 속으로

누가 이처럼
숙명이듯 의연히 사라지는가

—「말매미」 전문

이 시는 불교적 관점에서 쓰였다. 「말매미」는 왕매미라고도 불리는 몸집 큰 매미이다. 어디서든지 울기 시작하면 그 주변은 소음에 시달린다. 시인은 "매미"를 주시한다. 첫 연에서 "혼신을 다해 사랑을 부르짖는다"고 진술한다. 둘째 연에서는 "용맹한 삶을 살다 가는가" 존재를 부각한다. 각 연의 서두는 "누가 이처럼"으로 동일하다. 불교적 시각으로 사물을 주시한 그의 눈에 비친 매미는 '인간'으로 의인화된다. 이 세상에 태어나 사랑을 위해 몸부림치면서 진리를 깨우치려고 용맹정진하는 존재는 바로 사람이기 때문이다. "용맹한 삶"이란 단어는 불가의 용어이다. 매미의 생은 짧다. 애벌레로 3년, 성충이 되어 20여 일 울다가 사라진다. 셋째 연에서 "다음 생의 기약인가"라는 표현으로 시의 독자를 흡입한다. "다음 생"은 인과업보에 의한 전생윤회(轉生輪迴) 사상을 의미한다. 자기 업으로 죽고 나기를 반복한다는 불가의 진리가 시의 이미지에서 회전한다. 시인은 "쉼 없이 목울대 찢기듯 울고 싶어 한다" 매미는 우렁찬 성대로 울지만. 시인은 언어로 외친다는 점에서 유사하다. 시의 결론의 주목하면 "숙명이듯 의연히 사라지는" 그런 삶을 동경한다. 조영미의 시를 통독하면 '언어로 운다'와 '언어로 외친다'가 복합적으로 교차한다. 어떤 시는 안타까워 울고, 또 다른 시에서는 인간을 깨우치기 위해서 외친다. 시적 특징은 불가의 진리가 녹아 있다는 점이다. 깊은 불심은 시 세계 구축의 원천이다.

소금이 녹을 때까지 막대로 휘휘 저어라
달걀이 오백 원짜리만큼
소금물 위로 뜨면 간이 딱 맞는 게다
매해 수화기 너머 어김없는 어머니의 정설
메주 서너 덩이 정갈히 띄운 간장독으로
파란 우물 징하게 들어앉는다
기우뚱 떠오르는 달걀의 눈금

하늘의 손맛이 가미되는 간장 된장 간 맞추기는
자칫 부정의 역설이 들어서므로
콩의 기원부터 온 마음을 다해야 한다

참숯과 붉은 고추 참깨 몇 낱으로
섭생의 무게를 얹어
방점을 찍는 삼월 말(馬)날

체로 걸러지는 녹말처럼
서로를 끌어안은 눅진 앙금이
꼬무락 쪼무락 살림을 섞다
새소리 혼절하는 눈부신 하늘로
짜디짠 생의 연민 뭉턱뭉턱 물오르는 봄

뽀얀 행주로 연신 항아리를 쓸어내리며
조왕님 들어설 길을 닦는다

―「삼월 말(馬)날」전문

5연 20행으로 짜였다. 재료보다는 간장을 담그는 보살들의 지극정성이 느껴진다. "달걀이 오백 원짜리만큼 / 소금물 위로 뜨면 간이 딱 맞는 게다" 하는 표현은 달걀의 눈금을 확인하는 완벽의식이 포착된다. 시인은 간장 눈금을 재듯이 말과 말 사이를 오가면서 시를 쓴다. 그의 시정신은 한 치의 오차나 빈틈을 허용하지 않을 자세이다. 시 창작과 간장 담그는 일은 새로운 맛의 창조라는 관점에서 유사하다. 시의 결미를 보면 화자의 모습이 얼비친다. "뽀얀 행주로 연신 항아리를 쓸어내리며 / 조왕님 들어설 길을 닦는다"라고 독백한다. "조왕님 들어설 길을 내듯"이 동시대 인간을 위해 언어소통의 통로를 낸 것이 그의 시다. 언어의 한계, 언어의 경지, 시의 본령이 무엇인지 체득한 시인이다.

2. 자아 삶을 파고드는 아픔의 표출

시인의 언어는 아프다. 행간에서 고통의 비명을 지른다. 그러나 현실적 아픔을 넉넉히 수용한다. 생의 연륜이 깊어질수록 원망보다는 진지한 눈빛으로 신의 뜻을 찾고 있다.

꽃잎 환장하게 벙그러지는 날

딸은
꽃구경하러
서울 병원으로 간다

웬만한 아픔은 이제
꽃처럼 웃으며
엄마 우리도 꽃구경 가자

몽매간의 길 갈피마다
꽃잎만큼의 근심
펄펄
뒹굴어 오다
눈부시게 손 흔들며 지나간다

─「꽃구경」 전문

　시인은 딸과 함께 꽃구경을 간다. 목적지는 석촌호수가 아닌 "서울 병원"이다. 3연에서 "웬만한 아픔은 이제"라는 진술은 육적 고통에 달관한 상태이다. 그는 "꽃처럼 웃는다" 표현한다. 시인은 이 시에서 생의 아픔과 시간을 다룬다. 벚꽃에게 허용된 시간은 단 며칠에 불과하다. 바람 불고 비 내리면 꽃의 아름다움과 생명력은 한순간에

소멸된다. "눈부시게 손 흔들며 지나간다"는 시적 결론엔 다중의 의미가 함축되었다. 자신의 시간과 꽃의 시간에 대한 인식이다. 인간은 불안한 현실 속에서 살아간다. 언제, 어느 때, 어떤 사건이 발생할지 모른다. 그가 사용한 과거적 시간은 즐거움드 안겨주었지만 근심이란 고통을 선물 할 때가 많았다. "엄마 우리도 꽃구경 가자"라는 시적 표현 속엔 고통을 초월한 의식이 포착된다. 유사한 환경에 놓인 시의 독자에거 위로와 깨우침을 선물한다.

큰스님 몸에선 사리가 나오고
내 몸에선 새끼들이 나와
사는 일이 아슬아슬한 곡예

때때로 설익어 금이 간 항아리
밥 알갱이 붙여가며
상처 치유할 길 없어 무너지던 젊음이 있었네

그 후
밥 먹는 일 살 섞는 일이 관습처럼 흘러
새로운 길이 나고
지난 일은 딱 아문 듯
자분자분 함께 걷는 길

엿기름 삭힌 밥알 띄워

먹메 장만하는 일이 기꺼웁다
성큼 들어설
아이들을 고대하며
나는 아직도 울 엄마 식혜가 그립네

―「명절 식혜를 앉히며」 전문

  밥알 위에 둥둥 뜬 시인의 의식은 독특하다. "큰스님 몸에서 사리가 나오듯 / 새끼가 내 몸에서 나왔다 진술한다" 큰스님의 사리를 언급한 것은 자식의 존재가치 부각이다. 일평생 정진한 스님의 사리는 자기 생경보다 더 귀한 것이다. 고로 자식은 내 목숨보다 더 귀하다는 고백이다. 그다음은 "사는 일이 아슬아슬한 곡예"라는 표현이다. 외줄 타는 현실에서 중심 잡고 버티었다는 독백은 감동적이다. 중요한 것은 삶의 본질, 존재의 본질을 깨우쳤다는 의미로 느껴진다. 삶을 통찰하면서 현실에 순응하는 시인의 모습은 현재도 외줄을 타지만, 여유가 있어 보인다. "큰스님의 사리"는 장작불 타오르는 다비과정에서 대뇌에 저장되었다가 이 시를 쓸 때, 툭 튀어 올랐다. 조영미는 깊은 불심과 자아체험이 혼합된 이미지로 천착한다. 객관적 상관물을 이용한 시적 기교가 예사롭지 않다.

  재질은 쇠뿔과 같고

성질은 몽니와 같아
제 살을 파고들어 켜켜이 옹이 진 섬

어느 누구 험난했을 그 섬의 내력을
황폐한 비명을 헤아려 봤을까

폐기물 집게처럼 뿌리째 흔들며
밀고 들어와 윽박지르는 니퍼

살점 깊숙이 박힌 생의 부스럼이
멀어져 가는 핏줄들이
마른 다리 사이로
푸석푸석 부서져 손을 놓을지라도
그리움으로 점철된 고독은
좀체 물러설 기미 없이 옹골지게 눌러앉는 섬

―「발톱」 전문

생살을 파고든 발톱 이야기다. 육체적 고통을 일상적 언어로 나열하지 않고, 객관적 상관물에 빗대어 표현한다. 쇠뿔, 몽니, 옹이진 섬 등 사물을 이용한다는 것은 언어운용 능력을 증명한다. 변형된 발톱은 "옹이 진 섬"이 되었다. 적절한 오브제(objet)를 이용한 표현기법이다. 그는 발의 고통을 생의 아픔과 연결한다. 살점 속을 파고드는 고통이 멈추지 않듯이 생의 고통도 이승을 떠날 때까지 지속된다. 작은 고통과 큰 고통이 번갈아 엄습하며 생을 흔든다. 시인은 일체개고(一切皆苦)에 의해서 고통의 본질이 무엇인지 인식한다. 발톱을 파고드는 고통은 진리를 깨우치려는 고뇌에 비하면 아무것도 아니다.

3. 시간의 의식과 상처의 표명

 삶에서 시간을 의식하여 대비한다는 것은 쉽지 않다. 세월이 흐른 후. 한 지점에서 후회의 눈물로 사유하게 된다. 시간이 흘렀다는 증거는 육체의 기능적 변형으로 나타난다. 몸과 마음에 다양한 빛깔의 흉터가 남는다. 육안으로 보면 흉한 듯하지만, 심안으로 보면 애잔하여 아름답기 그지없다.

 무릎은
 운무를 헤치며 빛을 찾아가는 것

 애환을 지고
 슬픔을 지고
 굽은 마디 닳을 때까지
 뒤돌아갈 수 없는 길로
 무작정 뒹굴어 가야 한다는 것

짓물러 누런 소금꽃 피고
쇠무릎이 솟아올라 누렇게 부종이 나도

기어서라도
무작정 쉼 없이 가야 한다는 것

―「무릎」 전문

 첫 연에서 시인은 "운므를 헤치며 빛을 찾아가는 것"이 무릎이라고 표현한다. "애환을 지고 / 슬픔을 지고" 간다는 독백도 흥미롭다. 마지막 결론은 "기어서라도 / 무작정 쉼 없이 가야 하"는 인생길임을 깨우친다. 조영미의 시간의식은 정확하다. 시간이 흘러서 쇠무릎이 망가졌다는 인식이다. 튼튼했던 관절의 장애는 흘러간 시간이 주범이다. 시간이 남긴 상처의 후유증은 모든 인간을 괴롭힌다. 보행에 장애가 생기면 나는 "기어서"라도 가겠다는 의지는 시의 독자에게 새로운 깨우침을 던져준다. 부처의 가르침 중에 "외도로 가지 말고 중도로 가라"는 교훈이 있다. 관절이 퉁퉁 부어올라도 진리의 길, 중단 없이 가겠다는 각오이다. 흘러간 시간과 상처의 흔적은 분리되지 않는다. 마지막 순간까지 동행한다. 화자는 "누런 소금꽃 피고 부종으로 비대해진 무릎"으로 인생길을 걷는 중이다. 불가의 진리와 함께 그가 찾는 것은 독자와 공유할 시의 종자이다.

  부처님 전 청수 올리고
  무릎 닳도록 비는 여인아
  향나무같이 살가운 여인아

  산다는 것은 어쩔 수 없는 운명도 있다며
  절절히 제 살 깎아 그들에게 붙여줄 적
  촛농을 연꽃으로 피워낸 긴긴날
  정작 홀로 외로운 여인아

  만인의 업장 대신하여 승복 자락 감아쥐며
  아득히 멀고 험한 길처에서
  공양 팥죽을 쑤고 있을 여인아

  내 기도까지 맡겨 둔 채
  밝은 눈이 내리고
  염불하는 너의 고요한 발자국이
  물레처럼 하염없어
  동짓날 나는
  세 치 혀로 천수경이나 우물거릴 뿐이네

  ―「동짓날 암자의 그녀를 그리다」 전문

이 시는 멀리 있는 친구를 그리워한 작품이다. 친구는 "승복"을 입고 있다. 도를 찾아가는 길 위에서 운명이 엇갈렸음을 진술한다. 승복을 착용한 길과 회색 몸뻬를 착용한 보살의 삶은 별반 다르지 않다. 친구는 부처님 전에서 온전한 시간을 바친다는 것이고, 시인은 의식주를 위해서 시간을 쪼갠다는 차이, 그 정도일 것이다. 시의 결론을 주목하면 두발 형태와 옷만 다를 뿐, 노정의 종착지가 동일함을 감지하게 된다. 두 사람 다. 세 치 혀로 "천수경"을 우물거린다는 것이다. 둘째 연에서 "산다는 것은 어쩔 수 없는 운명"이다. 독백한다. "운명"이란 단어 취택은 자아깨달음에서 표출된 것이다. 출가자나 재속의 보살이나. 시간의 상처, 시간의 문양은 동일하게 체감한다. 출가자의 생과 보살의 삶이 도(道)의 경지에 있어 구분되지 않는다. 출가자보다 더 깊은 진리를 깨우친 재속의 보살도 많다. 시인 조영미는 운명을 직관한다. 친구와 자신의 운명도 깨우친 상태이다. 동짓날 팥죽 쑤는 두 사람은 시공 초월, 교감하는 상태이다. 자신의 기도문제도 친구에게 위탁하여 놓았다. 이 시는 시어 취택이나 표현의 노련미가 돋보이는 작품이다.

4. 자화상 그리기와 시적 독백

조영미의 삶은 문단에 데뷔하기 전이나 데뷔 후나 편차가 크지 않다. 자신에게 주어진 운명에 굴복하지 않고,

극복하려 몸부림친다. 그는 자아체험을 시 형식으로 풀어놓으며 독자에게 말을 건다. 첫 시집으로는 탄탄한 짜임을 기반으로 한 이미지 형상화와 시적 메시지가 확산한다. 세상모순을 지적하는 야유와 풍자도 돋보인다. 풍자적인 기교를 동원하여 현실과 맞선다는 점에서 첫 시집 같지 않다. 치열한 습작기를 거친 것으로 판단된다.

민들레
꽃따지
산수유
개나리
진달래
연산홍
매화
목련

꽃이란 꽃
모조리 눈 틔어 뽐내는 봄

꽃도 피우지 못할 것이 혼절히 설레어 온다
여물지도 못하고 갈 것이

―「자화상」 전문

첫 연에서 꽃의 유형들이 나열되었다. 결론에서는 "꽃도 피우지 못할 것이", "여물지도 못하고 갈 것이"라고 마무리한다. 「자화상」이란 시 제목과 연결해 보면 그는 나열한 꽃 중의 한 유형에 속한다. 다양한 꽃들은 시간을 살아낸 형태들이 동일하지 않다는 특성이 있다. 사람도 그러하다. 화려하게 피우지 못하고 여물지 못하고 대부분 사라져 간다. 그런 존재가 곧 자신이며 모든 중생이란 메시지이다. 시인 조영미도 "여물지 못하고 가는" 존재 속에 포함되었다. '꽃피운다' 혹은 '여문다'는 의미는 무엇인가? 불교의 진리로 해석하면 궁극적 목표인 해탈 혹은 열반이 될 것이다. ① 피우지 못하고 간다. ② 여물지 못하고 간다는 안타까움 속엔 용맹정진하겠다는 의지가 포착된다. 이 시는 음미하는 독자에 의해서 그 의미가 변용될 것이다. 한 가지 분명한 점은 생의 환부를 들여다보며 운명에 맞서는 치열한 몸부림이다. 민들레부터 목련까지의 나열은 총체적 인간을 상징한다.

아직 얻지 못한 별명처럼
나는 늘 어중간했다
버릴 수도 먹을 수도 없어
혼자 수없이 썩어갔다

설익은 사랑

설익은 선택
설익은 살림
설익은 친구
설익은 직장
설익은 건필
설익은 후회

발효되지 못한 관계와
평생 섞여도
맛이 되지 못해
나는 늘
어정쩡히 누룩곰팡이를 피우며 산다

—「익지 못한 것들」 전문

둘째 연에서 한 여인의 생에서 "설익은 것"들이 나열된다. "설익은 사랑"을 제일 먼저 언급한 것은 사랑이 으뜸이라는 의식 탓이다. 인간의 운명은 사랑에 의해서 결정된다. 결혼 적령기, 사랑이 어긋나면 삶은 고통의 늪에 빠지기 쉽다. 화자는 자신을 "어정쩡하다"고 독백한다. 시의 독자는 이미지에 은둔한 그를 판단하고 유추할 것이다. 겸손한 독백 속엔 조영미의 내면이 얼비친다. 어정쩡하지만, "누룩곰팡이" 역할을 한다면 그는 이 세상에 유익한 존재이다. 술을 빚을 때, 누룩은 반드시 필요한 균이다. 일곱 가지 나열 중엔 "설익은 건필"도 포함되었다. 시는 아무리 절창이어도 설익기 마련이다. 조영미는 시가 상면할 수 있는 최고의 언어적 지평을 열기 위해 부단히 사유한다. 그의 시는 언어유희를 초월하여 존재론적 의미를 파헤친다. 시적 지향은 현세와 내세의 정신적 융화를 통한 내적 안정과 진정한 삶에 가치를 추구함에 있다.

5. 마무리

내가 갖고 싶던 것
내가 먹고 싶던 것
내가 필요했던 것
내가 보고 싶던 것
내가 좋아하던 것
내가 소망하던 것
내가 그리워하던 것

차마
나 혼자는 차지하기 미안하여
누군가에게 주고 싶은 것이다

—「선물」 전문

시인 조영미의 시집 『당근은 유통기한이 없다』는 21세기 인간에게 던져주는 유익한 선물이다. 표제 시는 다중의 의미를 내포하고 있다. 표제의 해석은 한정된 지면 탓에 독자의 상상력에 맡긴다. 반복 음미하면, 묵직한 진리를 견인할 수 있다. 화자는 받기보다 주는 것을 좋아한다. 나는 누구인가? 인간은 무엇으로 사는가? 독자에게 줄 메시지를 위해 고뇌한다. "나 혼자 차지하기 미안하여 / 누군가에게 주고 싶은 것이다"라는 심정은 그의 본심이며 자비심이다. 외형적으로 거창하지 않지만, 시의 언어는 인간을 구원에 이르게 한다. 육안은 나이 들어 어두워지지만, 심안은 밝아 정상견(正常見)으로 우주를 볼 수 있다. 조영미의 시는 종교를 초월하여 모든 인간과 공유하고픈 메시지가 함의되었다. 인연 닿는 독자의 정독을 권한다.

당근은 유통기한이 없다

조영미 지음

발행처	도서출판 **청어**
발행인	이영철
영업	이동호
홍보	천성래
기획	육재섭
편집	이설빈
디자인	이수빈 ǀ 구유림
인쇄	정우인쇄

등록   1999년 5월 3일
         (제321-3210000251001999000063호)

1판 1쇄 발행 2025년 9월 30일

주소   서울특별시 서초구 남부순환로 364길 8-15 동일빌딩 2층
대표전화   02-586-0477
팩시밀리   0303-0942-0478
홈페이지   www.chungeobook.com
E-mail   ppi20@hanmail.net

ISBN   979-11-6855-382-8(03810)

본 시집의 구성 및 맞춤법, 띄어쓰기는 작가의 의도에 따랐습니다.
이 책의 저작권은 저자와 도서출판 청어에 있습니다.
무단 전재 및 복제를 금합니다.

*후원: